DESCOBRINDO O ISLÃ NO BRASIL

copyright Karla Lima
edição brasileira© Hedra 2016

edição Jorge Sallum
coedição Vicente de Arruda Sampaio
revisão Hedra
capa Dora Leroy & Suzana Salama
ISBN 978-85-7715-472-2
ISBN do epub 978-85-7715-473-9
corpo editorial Adriano Scatolin,
Caio Gagliardi,
Jorge Sallum,
Oliver Tolle,
Ricardo Musse,
Ricardo Valle,
Tales Ab'Saber
Tâmis Parron
Vicente de Arruda Sampaio

Grafia atualizada segundo o Acordo Ortográfico da Língua Portuguesa de 1990, em vigor no Brasil desde 2009.

Direitos reservados em língua portuguesa somente para o Brasil

EDITORA HEDRA LTDA.
R. Fradique Coutinho, 1139 (subsolo)
05416–011 São Paulo SP Brasil
Telefone/Fax +55 11 3097 8304
editora@hedra.com.br
www.hedra.com.br

Foi feito o depósito legal.

DESCOBRINDO O ISLÃ NO BRASIL
Karla Lima

1ª edição

hedra

São Paulo_2016

Sumário

Introdução   9

Nascimento
Ou de como o deserto deu à luz uma religião cujo profeta era analfabeto   17

Infância
Ou de como uma recitação que durou 23 anos virou best seller 14 séculos depois   49

Adolescência
Ou de como conciliar expansão e unidade, autonomia e submissão, hormônios e fé   71

Maioridade
Ou de como se purificar pela caridade e zerar pecados cumprindo uma romaria   97

Morte
Ou de como abater animais, entender xiitas e sunitas e merecer o paraíso   145

Renascimento
Ou de como viver plenamente sem ter de morrer para ressuscitar   177

Bibliografia   185

Ao meu pai, que em 1986 me aconselhou a ser jornalista e, 20 anos depois, morreu sem ver a realização de seu sonho. De onde quer que esteja agora, espero que veja. E se orgulhe.

Introdução

Pesquisar países islâmicos pelos bairros da cidade de São Paulo foi uma ideia que tive antes de começar a escrever, mas depois de haver tomado várias outras providências. Quando telefonei para agendar uma das primeiras entrevistas, a interlocutora perguntou se eu tinha Facebook. "Não tenho tempo para isso" foi uma resposta apenas parcialmente verdadeira. Como pessoa física, não tenho mesmo um perfil na rede social – mas meu livro anterior tem. "Ah, mas hoje em dia isso é trabalho também", ela me respondeu. "Eu pesquiso muita gente por lá" foi o complemento que me deu a certeza de ter agido bem ao omitir a informação. Uma muçulmana talvez não me recebesse se descobrisse que sou homossexual ao saber do *Armário sem Portas*, autobiografia que escrevi com minha namorada. Mas não tirei do dedo o anel de arco-íris; sempre poderia argumentar que as cores facilitam a combinação com qualquer roupa. Antevendo novos questionamentos, eliminei meu perfil no Facebook e editei a foto do Skoob – a original mostrava uma Cocker no meu colo, mas, como para o islamismo os cães são nojentos e proibidos, cortei a Panqueca e deixei só meu rosto. Tirei da carteira os cartões de visita do meu primeiro livro e virei uma foto em que estou com minha irmã, ambas de fartos cabelos à mostra. Por fim, eliminei da assinatura do *e-mail* o endereço do site do *Armário sem Portas*. Um *link* que já me rendeu entrevistas, trabalhos e novas amizades poderia, desta vez, pôr em risco as mesmas coisas.

Antes de tomar esses cuidados, fiz um trabalho de campo cujo objetivo era sentir, na pele, como é ser muçulmana em São Paulo. De 7 a 15 de junho, só saí de casa com os cabelos e o pescoço escondidos. Assim coberta, fiz compras, passeei, saí para jantar. De véu, cumpri uma parte da semana de provas na faculdade, para espanto de professores e funcionários, que, mesmo demonstrando estranhamento, não perguntaram nada. Também foi com o lenço que dei bom dia a empregados do prédio e servidores públicos.

Na primeira saída em trajes islâmicos, paro no sinal e um entregador de jornal gratuito enfia um exemplar pela janela do carro; só ao recolher o braço ele percebe no nariz de *quem* meteu o papel. Fica desconcertadíssimo com a própria grosseria, faz breve reverência, murmura "amém" e se afasta depressa. Muçulmanas podem incentivar a boa educação. No varejo de frutas do bairro, a caixa que em geral não olha para as clientes ao perguntar "CPF na nota?" neste dia é toda meiguice, dá boa tarde, puxa conversa, tem um olhar piedoso. Muçulmanas podem ser alvo de pena. Minha mãe, sempre tão parceira e apoiadora, me proibiu de aparecer em seu escritório e avisou que não almoçaríamos juntas enquanto durasse aquela "palhaçada sem cabimento". Muçulmanas podem causar embaraço. Ao menos ela me emprestou os lenços. Em um vídeo do Youtube eu havia aprendido os vários tipos de amarração e a necessidade de uma segunda peça, espécie de faixa ou touca, que garantisse a opacidade do conjunto e prendesse até os fios mais rebeldes – o tipo mais comum na minha cabeça. Sem inclinação para o gasto supérfluo em uma tira de helanca que nunca mais usaria, substituí por um biquíni preto, tomara-que-caia. A fivela incomodava um pouco na nuca, mas funcionou. Assim trajada, parei para abastecer. O frentista me estende um papel, mas recolhe a mão quando faço menção de pegar – com expressão séria e voz baixa, ele pergunta: "A senhora *pode* tomar café?". "Adoro café, tomo litros por dia!" Aliviado e sorrindo descontraído, ele afinal entrega o vale: "Ah, então vai ali na loja de conveniência tomar um por nossa conta". Muçulmanas não podem consumir qualquer coisa. Para meu grande azar, o experimento coincidiu com a Quinzena da Extravagância, lá em casa. Tivemos presunto cru espanhol durante três noites, e não comi nenhuma vez. Muçulmanas podem passar vontade. Andei de metrô para ver a reação das pessoas ao véu e cruzei com uma muçulmana verdadeira. Tive medo de que algo na minha aparência

INTRODUÇÃO

denunciasse a farsa. Sem interromper a conversa com a amiga, que não estava coberta, ela me deu um sorriso largo, franco e aprovador. Pelo tipo físico, ela provavelmente era de origem árabe – talvez tenha imaginado que eu era uma recém-convertida que precisava de encorajamento para manter firme a decisão. Muçulmanas encontram cumplicidade. Ainda estava com roupa islâmica quando fui à Assembleia Legislativa para medir a cruz suspensa do saguão, cujo tamanho exato me parecia de superlativa importância para iniciar este livro. Munida de uma régua e de um desenho esquemático fornecido por um amigo arquiteto, comecei a tirar as medidas. Diante da minha natural inabilidade, agravada pelo véu e pela calça grossa que dificultava os movimentos, um guarda se aproximou, cheio de cautela. "Posso ajudar?" "Tomara que possa, viu, porque sozinha está uma dificuldade." Mostro o desenho, aponto as distâncias a calcular, ofereço a régua. Mas ele nem descruza as mãos que traz entrelaçadas atrás das costas. "Posso dar uma sugestão? Por que a senhora não mede a lajota da parede, e depois vê quantas lajotas a cruz ocupa?" Achei que a revelação da minha burrice era castigo de Alá. "Ah, o senhor veja como de fora realmente a pessoa enxerga as coisas melhor, às vezes, do que quem está dentro da situação, não é mesmo? Que ótima ideia, muito obrigada." Quase engasguei com o riso preso e contive o impulso de dizer algo sarcástico sobre minha estupidez. Muçulmanas não devem gargalhar em público. No último dia da experiência, fechei um motoqueiro, sem querer. Na verdade foi ele que me cortou, pela direita e numa curva, mas tive receio mesmo estando certa. Ele emparelhou, encostou à minha janela, ergueu o visor do capacete e falou num tom que possivelmente não usa nem com a própria mãe. "A senhora precisa tomar cuidado, que numa dessas a pessoa bate e pode machucar alguém, se vem outro atrás e atropela é encrenca. Tem que prestar mais atenção, a senhora." Muçulmanas merecem respeito.

Antes desse enriquecedor experimento, eu já havia entrevistado:

- Faten Kamel Soueid, de 24 anos, uma arquiteta xiita de origem libanesa.
- O xeique da Mesquita do Brasil, Samy Alboraiy, e seu intérprete, Hosney Mahmoud Mohamed Al-Sharif, ambos egípcios sunitas.
- O xeique Khaled Taky El Din, da Federação das Associações Muçulmanas do Brasil, também egípcio; e o auditor *halal* Dib Ahmad El Tarrass, sunita brasileiro.
- Saddam Chassan Chaffouni, de 19 anos, vendedor de móveis de cozinha na zona leste, sunita de origem libanesa.
- O filho de palestinos Maher Hassan Musleh, psicólogo de 41 anos.
- Ali Mazloum, juiz federal e idealizador da ação social Amigos do Islam.

Depois da "semana do véu", conversei também com:

- A estudante Tatiana Andrade, brasileira sem religião definida que quase se converteu ao Islã.
- Samira Zenni, jornalista sunita de origem libanesa.
- Vários entrevistados na Escola Islâmica Brasileira, como Magda Jundi Khaznadar Lancuba, a diretora brasileira; Mitel Khalil Smaili, venezuelana que leciona árabe; a inspetora Jucimara Prestes Matos; as professoras libanesas Kamar Mohamad Baydoun e Mirna Derbas, além dos alunos Yasmin, Aziza, Shuaib Houssam e Iman Orra.
- O cineasta filho de iranianos Flávio Azm Rassekh, nascido no Brasil e membro da comunidade bahá'í de São Paulo.
- O sunita Mustafá Goktepe, responsável pela Casa de Cultura Turca.
- Ali Saifi, diretor executivo do Grupo de Abate Halal, em São Bernardo.

INTRODUÇÃO

Além disso, por *e-mail*, falei com Hadil Daaboul, de 24 anos, secretária formada em Jornalismo, nascida na Síria e naturalizada brasileira; e com Maria Damasceno, brasileira cristã que se casou com um saudita e hoje mora em Riad. O sobrenome é inventado. Ela não quis ser completamente identificada e eu não quis identificar alguém usando uma palavra só – o nome único estava reservado aos capítulos: Nascimento, Infância, Adolescência, Maioridade, Morte, Renascimento. O ciclo cronológico da vida permitiu mesclar a história da religião e as experiências dessas pessoas.

Às tantas do processo, as indicações que levaram às entrevistas se fecharam em círculo, como em um amigo secreto em que é preciso recomeçar. Matutei sobre como reiniciar tomando mais uma dose da mais paulistana das bebidas. O Estado é o primeiro no ranking nacional em consumo de café e só na cidade são consumidos diariamente 25 milhões de xícaras, informou a assessora de imprensa da Associação Brasileira das Indústrias de Café. Apesar de se chamar arábico, o café é originário da Etiópia e se popularizou na atual Turquia, onde em 1475 foi aberto o primeiro local público a servi-lo – chamava-se Kiva Han.

As negativas foram poucas e vieram principalmente de empresas. A única pessoa física que não me recebeu foi uma palestina que trabalha com moda e estava simultaneamente mudando de casa e reformando o escritório, no meio de uma troca de coleção. A Mesquita do Brás respondeu ao meu *e-mail* dizendo que entraria em contato, o que nunca ocorreu; a Mesquita do Pari simplesmente ignorou minha mensagem, assim como o Hospital Sírio-Libanês, o que muito lamentei, pois tinha imenso interesse em conversar com eles.

A recusa corporativa foi mais explícita: a Seara, grande exportador para o Oriente Médio, não teve interesse em me atender. Na Usina Colombo, que produz um açúcar aprovado para o consumo de muçulmanos, o responsável por assuntos islâmicos estava viajando em julho e, aparentemente, ainda não voltou. Por fim, o *e--mail* que enviei para a Polenghi, laticínio também chancelado, obteve a seguinte resposta: "Agradeço o seu interesse em nos entrevistar, mas infelizmente declinaremos. A pessoa autorizada a falar com a imprensa sobre o assunto está fora do país". Só consegui saber que a "pessoa autorizada" não é muçulmana. Teriam as companhias me atendido se meu tema fosse comida *kosher*, isto é, aprovada para o consumo de judeus? Teriam as assessorias de imprensa sido mais receptivas se meu trabalho não tivesse relação com islamismo?

Eu também causava dificuldades a mim mesma. Entre livros comprados e tomados de empréstimo, revistas antigas vasculhadas e jornais diários examinados (com um olhar clínico que se tornou capaz de identificar "isl" e "mçl" em qualquer texto corrido), a dificuldade era *parar*. Como saber quando o conteúdo é suficiente? O que fazer das perguntas que ficaram pelo caminho, como sobreviver à premência do prazo sem desprezar os importantes conselhos vindos de gente mais experiente? Depois de 42 livros e relatórios de pesquisa, treze filmes e documentários e 24 entrevistas, eu era um mata-borrão inchado, a uma gota de explodir; mas as dicas e presentes continuavam chegando de amigos bem-intencionados, querendo contribuir com notícias, sugestões, referências. A abundância de informações criou ainda o problema da seleção. Alguém (Mario Quintana?) disse que o autor, quando se propõe a esgotar um assunto, geralmente esgota é a paciência do leitor – o que me falta em talento para atingir o primeiro me sobra em facilidade para obter o segundo, então encerro pelo início.

Com este livro, meus objetivos são oferecer novos pontos de vista e contribuir para ampliar o que se sabe sobre o Islã e a integração de seus seguidores a uma sociedade como a paulistana, onde se praticam as mais variadas crenças. Em respeito a todas elas, procurei escolher com cuidado as palavras. Se nenhum vocábulo é neutro (e não é, claro), o campo religioso demanda um zelo ainda maior. Viena esteve "sob a gloriosa bandeira do Islã", como diz um autor muçulmano? Ou foi "sitiada pelos muçulmanos", como diz um historiador de outra fé? A Palestina é um território "ocupado", como uma cadeira que estivesse vazia e agora amparasse o traseiro de alguém? Ou "invadido", que é como se chamam os espaços toma-

INTRODUÇÃO

dos à força? De que maneira o jornalismo relata as ocorrências envolvendo países e indivíduos islâmicos? De que forma a imprensa molda a imagem que a sociedade civil tem de um grupo minoritário, e como os membros dessa minoria se sentem nessas representações? Sua opinião sobre esses e outros temas que o interessarem ao longo da leitura são bem-vindos: karla3001@yahoo.com

Nascimento
Ou de como o deserto deu à luz uma religião cujo profeta era analfabeto

Um crucifixo de 7,87 metros, pendurado a treze metros do chão, domina o Hall Monumental da Assembleia Legislativa. O grande Cristo de metal acolhia, de braços abertos, os convidados da noite. A apenas uma hora do início do evento, a agitação era grande. Atrás de um balcão no canto direito, quatro moças vestidas para a ocasião recebiam papéis, canetas e indicações sobre como recepcionar adequadamente as autoridades esperadas. No centro do salão, a equipe de alimentos e bebidas dispunha toalhas sobre as mesas, bandejas sobre as toalhas, docinhos sobre as bandejas e celofane sobre os docinhos. Os primeiros a chegar, já às 19h40, vinham em grupos de quatro ou cinco. Distintos senhores e senhoras em sapatos engraxados, túnicas perfeitamente passadas, lenços de brocado. Poucas e bem-comportadas, as crianças não tocavam nos petiscos. Eram os adultos que estragavam a geometria caprichada, levantando discretamente a proteção e obrigando ao constante reabastecimento – exceto na mesinha abaixo do relicário com a imagem de Nossa Senhora de Aparecida. Naqueles doces ninguém mexeu até quase o fim do coquetel. Na chegada, homens se cumprimentavam com dois beijos no rosto. Fora, fumantes rodeavam as lixeiras. Dentro, o burburinho aumentava no saguão cada vez mais cheio. Não se ouvia tilintar de gelo nos copos nem muitas conversas em português. Abre-se o plenário.

Linda, loira e sem portar nenhum símbolo visível de sua crença, a deputada Haifa Madi toma seu lugar e abre os trabalhos da 20ª sessão solene do ano, agradecendo nominalmente a presença de cada cônsul e figura religiosa. Chama ao microfone Fahd Alameddine, representante druso; Mohamed Ibrahimi, xeique da Mesquita do Brás; Damaskinos Mansour, arcebispo da Catedral Ortodoxa de São Paulo e Almokadam Ahmad Hamoud, presidente da Confraria Chadilia Yachrutia do Brasil, entre muitos, muitos outros. Discursam em árabe. Entra um grupo musical. Cantam em árabe. Uma dezena de pessoas recebe placas de homenagem. Cerca de duas horas depois, a anfitriã conclui a cerimônia. Estava instituído o 12 de maio como Dia do Islamismo no Estado de São Paulo.

A movimentada agenda da Assembleia levou à antecipação em dois dias da data fixada na Lei 13.762. Nem mesmo votação houve. Outros aspectos do islamismo são menos pacíficos, literal e simbolicamente. No discurso mais comentado durante o coquetel de encerramento, Magda Aref Abud Latif disse que "o mundo e a mídia não vêm sendo muito generosos nem justos conosco", e instou os presentes a uma atitude: "As guerras propriamente ditas, a guerra de imagens da imprensa escrita e falada e a intolerância de alguns governos fazem com que seja urgente o esclarecimento acerca da nossa religião". O momento, o local e a audiência eram propícios demais para que a cientista política de 32 anos, formada pela USP, deixasse de abordar a candente questão do lenço. Comparando mulheres muçulmanas que não desejam ser "libertadas" com os apelos ignorados de quem realmente precisa de ajuda, Magda levou a plateia ao riso: "Talvez seja por isso que insistam tanto em tirar nossos véus, quem sabe não estão precisando de um pedacinho desses véus para cobrir seus olhos e ouvidos, a fim de não verem nem ouvirem as injustiças por eles mesmos espalhadas na Palestina, na África, e em tantos outros lugares". De seu próprio lenço prateado, saltavam bochechas rosadas de entusiasmo. "Alguns artigos demonstram falta de conhecimento e de respeito ao outro. O véu, coroa que exibimos com orgulho e dignidade, é símbolo de nossa obediência a Deus, jamais ao homem." Palmas efusivas.

Para apresentar a versão institucional de questões como essa, e outras ainda mais espinhosas, entidades e líderes islâmicos se empenham na promoção do diálogo inter-religioso e, em geral, não se furtam a prestar esclarecimentos acerca de sua doutrina. As semelhanças com o cristianismo, religião dominante no Brasil, fornecem o terreno comum onde pode ser plantada uma semente de concórdia. Cristãos e muçulmanos acreditam em um Deus único, criador em seis dias de tudo quanto existe, que reina sobre o universo e todos os seres porque é onisciente, onipresente, infinito, incriado, misericordioso e todo-poderoso. Periodicamente, Deus envia à Terra mensageiros cuja missão é orientar a humanidade e prepará-la para o Juízo Final, dia em que o mundo vai acabar e as pessoas serão mandadas ao inferno ou ao paraíso de acordo com seu comportamento em vida. Também a unir as duas religiões estão: Adão feito de barro; a expulsão do primeiro casal por comer o fruto proibido; Noé e a arca; Abraão e seu quase-sacrificado primogênito; Moisés e a libertação dos judeus; Jesus nascido da Virgem, seus milagres, discípulos e ascensão. Neste ponto, os ramos tomam direções opostas. Para os muçulmanos, Jesus era o Messias, mas não filho de Deus, posto que Deus não tem prole. E não foi crucificado, pois Deus não permitiria que tal crueldade se abatesse sobre um de seus profetas.

Na comemoração pelo Dia do Islamismo, portanto, a grande cruz não fazia nenhum sentido para os principais convidados. Sua presença em um edifício público, aliás, também não condiz com a separação entre religião e Estado vigente no Brasil – a despeito de nossa Constituição Federal informar, no preâmbulo, que os representantes do povo brasileiro a promulgaram "sob a proteção de Deus". Embora a carta magna estabeleça que "é inviolável a liberdade de consciência e de crença, sendo assegurado o livre exercício dos cultos religiosos e garantida, na forma da lei, a proteção aos locais de culto e às suas liturgias", bem como que é proibido aos Estados "estabelecer cultos religiosos ou igrejas, subvencioná-los, embaraçar-lhes o funcionamento ou manter com eles ou seus representantes relações de dependência ou aliança", em nenhum lugar se afirma, com todas as cinco letras, tratar-se de Estado laico. Contradições à parte, prevalece no país a tolerância religiosa explicitada em outro trecho do preâmbulo, que nos define como "Estado Democrático, destinado a assegurar o exercício dos direitos sociais e individuais, a liberdade, a segurança, o bem-estar, o desenvolvimento, a igualdade e a justiça como valores supremos de uma sociedade fraterna, pluralista e sem preconceitos, fundada na harmonia social e comprometida, na ordem interna e internacional, com a solução pacífica das controvérsias". Não é por constar da Constituição Federal que a sociedade brasileira vive em relativa paz religiosa, claro. Mas é sim por causa dessa diversidade bem-acomodada que os religiosos muçulmanos, quando enviados para cá, são considerados sortudos, e gozam de amplo espaço de atuação. A Mesquita do Brasil, ligada à Sociedade Beneficente Muçulmana de São Paulo, foi a primeira da América Latina e até hoje recebe, com frequência, estudantes de Filosofia, Psicologia, Jornalismo, Medicina, membros da Academia Militar e "até alunos de Teologia da Pontifícia Universidade Católica".

Quem declama a variada lista de interessados no Islã é o egípcio Hosney Mahmoud Mohamed Al-Sharif, engenheiro por profissão, assessor e intérprete do xeique. Enquanto o religioso não chega, apresenta o protocolo, faz as vezes de guia turístico e responde às perguntas iniciais. Instrui sobre a necessidade de descalçar os tênis e cobrir os cabelos para entrar na mesquita onde ocorrerá a entrevista. Andamos a esmo pelo ambiente ensolarado e vazio. Tento segui-lo, mas, se paro, ele para também; se ando, é ele quem me acompanha. Al-Sharif tem 60 anos, é calmo, gentil, de voz baixa e fala um tanto hesitante. Trinta e cinco anos de Brasil não o familiarizaram plenamente com o idioma. O gravador ainda está desligado quando ele conta que a marca, ali, está errada. Marca é uma cavidade na parede da mesquita que, em teoria, aponta para Meca, na Arábia Saudita, e indica a direção das orações. Na Mesquita do Brasil, a marca está no lugar errado porque o arquiteto era sueco e não sabia para que lado fica a cidade sagrada. Al-Sharif não parece aborrecido, relata o engano entre sorrisos, como um fato pitoresco sob medida para entreter repórter. Para que a prostração ficasse no sentido certo, fez-se a compensação no carpete, usando as listras sobre as quais os fiéis se ajoelham para corrigir o ângulo. O resultado é curioso, com marca e listras formando uma relação nem paralela nem perpendicular. Mais convencional é a decoração do teto, com pinturas coloridas ao estilo árabe e um lustre simétrico. Paramos em frente a uma pilha de cadeiras plásticas; Al-Sharif carrega duas até o centro e as posiciona frente a frente a uma distância respeitosa, talvez até exagerada para o alcance do modesto gravador. "Esta religião é um livro aberto", vai dizendo em resposta a pergunta nenhuma. "Nossa missão é explicar de uma forma transparente, acessível a todo mundo. A gente não tem propaganda em massa, e a mídia coloca o que ela quer na tela, no jornal, na revista. Então nosso objetivo é esclarecer a religião em sua forma correta. Tarefa difícil, a informação é assim corpo a corpo. Divulgação em massa, jornal, revista, não temos. A gente aconselha que quem quer informação tem que pegar na fonte. No islamismo, você sabe, o sacerdote se chama xeique. É, como se diz? Um padre. No 'judaísmo', um rabino; no islamismo, um xeique." Avisando que vai anunciar minha chegada, reclina-se para liberar, do bolso da calça, o telefone celular – um Nokia antigo, de teclas gastas. E acrescenta, para que não reste dúvida: "É a pessoa oficial que representa a mesquita". Sendo ele a autoridade máxima da instituição, quem são e o que fazem os imãs, mulás, ulemás e aiatolás? "Esses nomes são usados na facção xiita", desconversa o sunita.

Quando dita o nome do xeique, apresentando o entrevistado antes de sua chegada, instalam-se grande dúvida e pequena confusão. Parece-me que soletra sílabas, não letras. Quando diz "él" não sei se quer dizer "L" ou "Al", como em seu próprio sobrenome; ele repete uma e outra vez, mas não sei se retoma do início ou se continua de onde estava quando pedi que repetisse. Viro o papel em sua direção e ele assegura que está bem. *Sinto* que não está.

Um xeique tem muito trabalho. Fora da mesquita, dá palestras, visita enfermos da comunidade, conduz a liturgia fúnebre, tem compromissos religiosos e políticos no consulado de seu país. Dentro, orienta adeptos, lidera orações, realiza casamentos e aconselha casais que desejam se separar. O divórcio é permitido no islamismo, esgotadas as possibilidades de reconciliação – que envolvem as famílias de ambos os lados – e pode ser pedido pela mulher (que perde o dote) ou pelo homem (que o devolve a ela). Apesar da rotina intensa, não há pagamento ao xeique, que se mantém com as contribuições dos fiéis. A própria Mesquita do Brasil, atualmente em reforma, exibe à entrada uma placa que atesta a generosidade dos crentes:

Em nome de Deus, o Clemente, o Misericordioso – Agradecemos aos doadores abaixo relacionados pela colaboração para podermos executar a ampliação da nossa sociedade. Que Deus abençoe a todos e a sua família. Ali Barakat Abbas e sua diretoria. R$ 305.000, R$ 300.000, R$ 210.780, R$ 100.000 (três vezes), R$ 50.000 (quatro vezes), R$ 40.000, R$ 39.000, R$ 25.000, R$ 20.000 (quatro vezes), R$ 10.000 (duas vezes), R$ 9.561, R$ 8.000, R$ 7.500, R$ 5.000 (cinco vezes), R$ 4.000 (duas vezes), R$ 3.900, R$ 3.000 (quatro vezes), R$ 2.800, R$ 2.000 (três vezes, uma das quais sob "anônimo"), R$ 1.500, R$ 1.000 (duas vezes), R$ 500. As pessoas que quiserem contribuir com doações, favor procurar o tesoureiro. PS: *O nome não constando da lista, favor procurar o tesoureiro.*

Como o informativo não traz data, o período necessário à arrecadação de R$ 1.606.541 não fica claro. Mas a obra de ampliação, ao mesmo tempo em que sinaliza o crescimento da comunidade, também dá aos contribuintes a chance de somar pontos positivos celestiais. "No islamismo, quando uma pessoa morre, ela se desliga de tudo neste mundo", explica Al-Sharif, "menos de três coisas: um filho bom, que rogue, faça preces por ele. Isso é para incentivar as pessoas a educarem os filhos para o bem. Segundo, se ele deixar algo para o benefício dos outros. Por exemplo, no nordeste, se fizer um poço e doar para as pessoas beberem água de graça. Então, enquanto o poço der água, ele tem recompensas para o Dia do Juízo Final. Já fica um saldo, em benefício dele mesmo, esse poço vai acumulando. Em terceiro, se deixar uma ciência que os outros usem e se beneficiem, como um livro muito bom. Ou uma obra".

Em instantes entra Samy Alboraiy. Dali a 11 dias, ele viria a ser um dos homenageados na Assembleia de São Paulo. Nesta mesquita, os xeiques são sempre egípcios, porque foi com dinheiro de lá que ela foi construída. Os religiosos ficam por dois ou três anos e são substituídos por outro conterrâneo. Samy partiu de volta pouco tempo depois de receber sua placa de honra. Em sua temporada paulistana, não sentiu nas pessoas variação no nível de interesse, rejeição ou atração pelo islamismo. "É a mesma coisa", traduz o intérprete, "as pessoas que viveram aqui antes, quando souberam que ele vinha, falaram para ele que bom, tudo bem, o povo brasileiro muito bom". Samy, que para todos os efeitos não entende português, tem um olhar bondoso e uma marca escura bem no meio da testa. Seria impertinente questionar sobre o sinal? O xeique ri – *antes* da tradução. "É por causa das rezas. Não é ofensivo. Ele tem pele sensível." Sua esposa o visitou em São Paulo, na medida em que o calendário escolar dos filhos permitiu. O que ela veste, quando está aqui? "O mesmo que lá: o véu que cobre a cabeça e o traje comprido, como um vestido, do pulso e até o calcanhar. Folgado, não pode ser transparente, não pode contornar o corpo." Certo. E por baixo? "As roupas íntimas têm que ser colocadas!", horroriza-se o tradutor. O xeique, aquele que não fala português, abana a cabeça – é cada uma que lhe aparece... Certo, mas e *entre* o traje comprido e a roupa íntima: tem calça, blusa? "Tem!"

O véu e o manto longo são recomendados a todas as mulheres, muçulmanas ou não, como proteção contra a lascívia dos homens. Embora a ala masculina seja a desejante, é à parte desejada que cabe evitar os funestos desdobramentos da devassidão. "Acarreta muita coisa quando a mulher é exposta em público ao olhar dos homens", vai ditando o xeique. "Mostrar a beleza, o resultado é negativo, desperta desejo no homem, tem violência sexual, desvios. Ele acha uma mulher diferente da dele, faz comparação e isso pode acarretar um relacionamento ilegal, resultando um filho bastardo", vai traduzindo Al-Sharif em um crescendo dramático. "No mundo inteiro, o abandono do véu acarretou problemas para a sociedade. Divórcios, uma esposa que teve quatro ou cinco maridos. Daí pode acontecer o pior, ela tem um filho com um, uma filha com outro, eles não sabem que são irmãos, se encontram e se casam. Tem muito caso assim!" O Alcorão explicita como o resguardo feminino inibe a concupiscência e, enfim, os bastardos consanguíneos. Em seu capítulo

24, versículo 31, lê-se: "Dize às fiéis que recatem seus olhares, conservem seus pudores e não se mostrem além do que normalmente aparece; que cubram o colo com seus véus e não mostrem seus atrativos a não ser a seus esposos, pais, sogros, filhos, enteados, irmãos e sobrinhos; a suas servas, a criados isentos de necessidades sexuais e às crianças que não discernem a nudez das mulheres. Dize às fiéis que não agitem os pés, para que não chamem a atenção sobre seus atrativos ocultos". Pelas notas remissivas, aprende-se que a moderação é imperativa para ambos os gêneros, mas que a "diferenciação dos sexos, dos temperamentos e da vida social" clama por uma reserva maior por parte das senhoras. Às morenas de Angola com apreço por chocalhos, uma explicação extra: "Constitui um dos truques de mulheres espetaculosas ou licenciosas o ato de tilintarem os ornamentos dos tornozelos para chamarem a atenção sobre si".

A filha do xeique tem dez anos. Pela norma islâmica, ainda não precisa usar véu. Entretanto, na foto do celular, a sorridente menina de olhos negros tem apenas o centro do rostinho de fora. Samy estende o aparelho cautelosamente, oferecendo a base enquanto segura o *flip*. Quando me inclino para devolver o telefone, o gravador vai do colo ao chão. Quando me inclino para pegar o gravador, o véu cai da cabeça no peito. Cachos ficam pecaminosamente expostos dentro da mesquita. Reposicionado, o véu escorrega para trás. Puxado para a frente, traz junto ainda mais cachos. Os senhores mantêm a compostura, como se não estivessem sendo entrevistados por um *sheepdog*. Retomo gradualmente a forma humana enquanto ouço do orgulhoso pai que sua menina é precoce também em outros aspectos. No concurso de recitação do Alcorão realizado na escola, sua memória lhe garantiu posição de destaque, apesar de ser a mais jovem participante. Aos postulantes a xeique, decorar o livro sagrado é obrigatório: todos os 6.236 versículos de seus 114 capítulos, também chamados *suras*. A prova é rigorosíssima, basta uma só entonação imprecisa para desqualificar o candidato. O xeique me convida a voltar no dia seguinte para a reza e o almoço. Antes de se despedir, entrega um cartão de visitas. Seu sobrenome não poderia ser grafado de maneira mais diferente da que tinha sido, antes, aprovada com Al-Sharif.

~

Os muçulmanos mais puristas rejeitam "islamismo" como termo indicativo de sua religião, sob a alegação de que o sufixo dá à palavra uma conotação demasiado humana. O Houaiss abona essa opinião: "O sufixo -*ismo* foi, primeiro, usado em medicina, para designar uma intoxicação de um agente obviamente tóxico: absintismo, alcoolismo, iodismo; no curso, ainda, do século XIX e no século XX, seu uso se disseminou para designar movimentos sociais, ideológicos, políticos, opinativos, religiosos e personativos". Não fica bem chamar de "movimento" uma religião fundada e nomeada diretamente por Deus. Para os mais conservadores, o apropriado é Islã, simplesmente. Mas Jamil Almansur Haddad, médico paulistano nascido em 1914 e autor de duas obras premiadas pela Academia Brasileira de Letras, não era um desses. É dele "O que é Islamismo".

Tudo começa com Adão. Em árabe, a palavra "Islã" significa submissão a Deus; sendo Adão submisso, foi por definição o primeiro muçulmano, além de primeiro homem. Eva, pelo mesmo raciocínio, foi a primeira muçulmana. O fato de o primevo casal ter comido o fruto proibido não caracteriza insubordinação, pois a desobediência não foi voluntária. Eva é inocente: ela e o parceiro foram enganados por Satanás. Deus, o Clemente, perdoou. A noção de pecado original é estranha para os muçulmanos, pois é contrário à doutrina cobrar alguém pelo erro de outrem e, de qualquer forma, a contravenção foi desculpada.

Desde então, houve tantos muçulmanos na Terra quantos foram os homens e mulheres que nasceram, uma vez que as criaturas saem de fábrica submissas ao Criador. Já os profetas foram mais raros, "124 ou 224 mil. O número exato não é importante", lê-se em "Perguntas e respostas sobre a fé islâmica", volume I. Importante é saber que todo povo teve o seu – mas não mais. A missão de cada profeta foi reforçar os ensinamentos anteriores, corrigir o que houvesse sido deturpado e transmitir mais um pedaço da mensagem divina. Em alguns casos, orientações por escrito foram deixadas como lembretes, casos da Torá dos judeus e da Bíblia dos cristãos. No século VII, o que ainda estava faltando foi comunicado por Deus ao último dos mensageiros. De lá para cá, e daqui até o fim dos tempos, a humanidade está por sua conta e risco. Nada de novos recados ou diretrizes, as instruções estão todas aí. É seguir para se salvar.

As derradeiras revelações chegaram à humanidade em um ambiente populoso, barulhento e empoeirado. A Arábia Saudita ainda não se chamava assim e mal passava de uma conjunção de rotas comerciais rodeada de tribos inimigas por todos os lados quando, em Hijaz, no ano 570, nasceu o homem que, atualmente, dá nome a mais meninos do que qualquer outro no mundo. Muhammad e derivações como Mohamed, Ahmad e Mahmud não são campeões de popularidade apenas nos países de maioria muçulmana: ocupam o terceiro lugar na Inglaterra e são os mais comuns em recém-nascidos em Bruxelas e Amsterdã. Maomé, versão brasileira, é "errado e inaceitável", ensina um folheto do Centro de Divulgação do Islam para a América Latina. O profeta é Muhammad – Muhammad bin Abdullah. A vida não foi fácil para o pequeno Muhammad. O pai, Abdullah bin Abdul Muttalib, morreu quando o futuro profeta ainda estava em gestação. A mãe, Aminah, morreu quando ele tinha seis anos. O avô paterno, com quem foi viver, morreu dois anos depois. Aos oito, finalmente, ele encontrou um lar de longa duração com um tio paterno, Abu Talib.

Muhammad era um coraixita, tribo prestigiosa na região e notória por sua habilidade comercial. Tinha fama de bondoso e honesto, atributos escassos numa sociedade sem Estado nem governo central onde era comum o roubo de gado, escravos e mulheres, e todo o aparato jurídico se resumia às leis de honra e de Talião (aquela do olho por olho). Permanecia analfabeto, mas isso não o distinguia da multidão de iletrados e também não impediu Khadija Bint Khuwailid, comerciante bem-sucedida, de oferecer-lhe trabalho. Em pouco tempo, ela (40 anos) pediu Muhammad (25 anos) em casamento. Dos seis filhos que tiveram (algumas fontes dizem sete), dois meninos morreram ainda crianças; das quatro meninas, só Fátima e Zainab sobreviveram ao pai. Mesmo casado e chefe de família, Muhammad manteve o antigo hábito de retirar-se para as grutas, onde se entregava a solitários mergulhos nos profundos mistérios da vida. Em um dia de 610, quando ele tinha 40 anos, uma dessas sessões de meditação mudaria o curso da História. Gabriel, o mesmo que seis séculos antes havia anunciado a concepção milagrosa de Maria, surgiu na caverna de Hirá e ordenou: "Leia!". Estupefato, Muhammad balbuciou que não sabia, mas o anjo não estava para negociações. "Leia, em nome do Deus que te criou!". Muhammad leu.

Enquanto isso, na agitada Meca, os negócios seguiam como de costume, com peregrinos de todas as crenças vindo prestar tributo a seus numerosos deuses. Diz-se que havia no povoado nada menos que 360 santuários, e que eram venerados de pedras e troncos até animais e santos, passando por estátuas das mais variadas formas. A cidade inteira se mantinha à custa desse turismo religioso: produção e venda de alimentos, serviços de transporte e hospedagem, confecção e benzedura de talismãs. Eis que o até então bem-afamado esposo de Khadija começa a espalhar que só existe um Deus. Que idolatria é ignorância. Que politeísmo é pecado. Que ele, Muhammad, é mensageiro de Deus. Que só seguidores do Islã, os de fato submissos à vontade divina, entrariam no paraíso. Previsivelmente, as reações não tardaram. Os negócios de Khadija, a primeira convertida, foram boicotados. O profeta passou a sofrer todo tipo de perseguição física e ataque moral. Nas ruas, era vaiado e agredido a pedradas. Das casas, despejavam sobre ele urina e excrementos. No comércio, já não lhe vendiam água nem comida. Nada disso dando resultado, os chefes tribais mudaram de estratégia – se não podiam vencê-lo, tentariam que Muhammad se unisse a eles. Que tal dividir o lucro? Não? Hum... E restringir a pregação a certas épocas do ano? Também não? Propuseram-lhe sociedade, sexo, sacrifícios e suborno, sem sucesso. Os ditados de Deus continuavam chegando e o mensageiro seguia pregando. Veio a tentativa de assassinato.

Outros problemas sociais convulsionavam Yathrib, 300 quilômetros ao norte de Meca. Seus habitantes viviam sob tal desordem familiar, social, territorial, jurídica e econômica que apenas um líder simultaneamente esclarecido, determinado e justo poderia dar jeito. Uma comissão de notáveis foi ao sul propor a Muhammad ser esse comandante. Corria o ano de 622 quando o profeta e poucas centenas de seguidores migraram. Sua presença mudou o nome da localidade para Medinat Al-Nabi, depois encurtado para Medina, que significa Cidade do Profeta. Ao longo de sua permanência de uma década, Muhammad ensinou, guerreou, arbitrou, construiu e divulgou as revelações recebidas por intermédio do anjo. Seus apoiadores se multiplicaram, e o grupo enriqueceu. Ao final desses dez anos, liderou um enorme exército de volta a Meca, que foi conquistada triunfalmente, em grande estilo e sem oposição. Em 632, ao fim de 23 anos de revelações, o profeta morreu. Tinha 62 anos.

O leitor atento terá percebido que a conta não fecha. Pois se o nascimento ocorreu em 570, se as aparições de Gabriel começaram quando Muhammad tinha 40 e o proselitismo durou 23 anos, então sua morte ocorreu aos 63, em 633. A diferença se explica em duas etapas. Primeira: o calendário adotado pelos muçulmanos é lunar. O ano também é de doze meses, mas os meses têm 29 ou 30 dias, o que resulta em anos de 354 ou 355 dias. Segunda: 16 de julho de 622, data da migração para Medina, conhecida como Hégira, não indica o ano zero e sim o primeiro ano do islamismo – o 1 a.H. Assim se explicam as divergências na contagem do tempo. Aproximadamente, a diferença entre o calendário do Islã e o cristão é de 580 anos (bem menor que a diferença entre o calendário cristão e judaico: cerca de 3.760 anos). Depois que Muhammad morreu, começou-se a dizer, em seguida a seu nome, "*sallalláhu alaihi wa sallam*", ou "que Alá o abençoe e lhe dê paz". É por isso que em tantas publicações a sigla SAWS aparece entre parênteses depois de uma referência a ele. Por analogia, passou a ser falado e escrito também "*alaihis sallam*", que significa "que a paz esteja com ele", após a referência a um mensageiro anterior, como Abraão ou Jesus. O terceiro grupo a merecer um aposto é formado pelos companheiros e companheiras que conviveram com Muhammad. Em seguida a seus nomes, diz-se e se escreve "*radhiyal láhu 'anhu*", para "que Alá esteja satisfeito com ele", ou "*radhiyal láhu 'anha*", para "que Alá esteja satisfeito com ela".

Uma religião tem muitas funções. Ópio do povo, para o materialista ateu. Salvação, para o crente observante. Lucro, para o empresário da fé. No berço, para além de seu caráter teológico, o Islã operou também como adesivo social, capaz de levar grupos até então rivais a compor a *umma*, espécie de nação estendida que implica vínculos transnacionais e que também deriva de *umm*, mãe. Divisões geopolíticas não fazem para os muçulmanos o mesmo sentido que para outros crentes, pois, por definição, um Estado islâmico não é limitado por fronteiras nem habitado por grupos humanos específicos. No Estado islâmico ideal, o território vai até onde chega a fé, e nele se integram diferentes etnias, culturas e até religiões. Na bem delimitada América Latina, "o Islã constitui sem dúvida a parte menor e menos estudada do mundo muçulmano", lê-se justamente em "O mundo muçulmano", do historiador holandês radicado no Brasil Peter Demant. Haveria pequenas comunidades no Peru, Venezuela, Panamá e cerca de 700 mil na Argentina, entre os quais não se pode contar Carlos Menem, neto de muçulmanos convertido ao cristianismo com propósitos eleitorais, apesar de a apostasia ser um crime islâmico passível de pena de morte – em sete países islâmicos na África, por exemplo, pelo menos um terço dos muçulmanos apoia a pena de morte para os que abandonam o Islã. Apesar disso, em Uganda, cerca de 30% da população criada no islamismo hoje em dia se declara cristã.

Os *hadices*, nome dado ao conjunto dos pronunciamentos de Muhammad, são parte integrante da doutrina islâmica. Há que se considerar que as revelações levaram 23 anos e que diversos problemas surgiram antes que a respectiva solução houvesse sido ditada. Nesses casos, o mensageiro formulou a própria opinião. O acerto do parecer seria posteriormente confirmado ou corrigido pela revelação. Os ditos e práticas que se mostraram acertados foram mantidos; os que não puderam ser comprovados, descartados. (Não houve julgamentos equivocados; mensageiros divinos não erram.) Existem muitos ditos, mas os reunidos sob o título "Os 40 Hadices do Profeta" formam uma espécie de *best of*. Pois diz o *hadice* número 14: "Verter o sangue de um muçulmano é ilícito a não ser por uma das três razões seguintes: uma vida por outra vida, uma pessoa casada que cometa adultério e aquele que renegar sua religião e abandonar sua comunidade." Dessa, Menem escapou.

No Brasil, se não há um apóstata famoso, também não há dados confiáveis sobre a quantidade de muçulmanos, que chegaram ao país já nos primeiros barcos do tráfico negreiro. O mistério, por ora insondável, talvez seja esclarecido pelos novos Censos. No levantamento de 2000, o IBGE identificou 27 mil; as organizações islâmicas falam em até dois milhões e meio; alguns autores arriscam um milhão. A distribuição geográfica é outro enigma. A maior concentração está no Paraná. Não, não, o número mais significativo é em Roraima e no Amapá, na fronteira, por influência da Guiana. Não, não, pelo menos metade vive no Estado de São Paulo. Metade de quanto, não se sabe.

Menos controvertidas são a origem árabe da maioria dos muçulmanos brasileiros e a divisão em 85% de sunitas e 15% de xiitas, espelhando a proporção mundial. Entre associações culturais e sociedades beneficentes – mesquitas não contabilizadas – o Centro de Estudos e Divulgação do Islam, de Suzano, interior paulista, relaciona 49 entidades no país. Mais da metade, 25, no Estado de São Paulo. Também não é controversa a expansão mundial da religião, mas a polêmica volta quando se discute o motivo. Abundam especialistas alarmados e alarmistas que atribuem o crescimento à alta taxa de natalidade das muçulmanas. Analistas menos assustadiços e assustadores contrapõem que, nos países muçulmanos, a taxa de mortalidade infantil também é alta: no balanço geral, o saldo empataria com o de países não islâmicos. Argumentam ainda que, entre as emigradas para o Ocidente, a fertilidade se equipara à da nação anfitriã já na segunda geração. Assim, no Níger, país muçulmano com a maior taxa de natalidade, as mulheres dão à luz, em média,

7,75 filhos, com 115 mortes antes de um ano de idade a cada mil nascidos vivos. Pelo Censo de 2000, no Brasil a média é de 2,21 filhos por mulher, com 22 mortes por mil nascimentos. No Irã, país muçulmano com a menor taxa de natalidade, cada mulher tem em média 1,71 filho, dos quais 34 em mil não chegam a completar 12 meses. Não existe nada na doutrina islâmica que impeça o controle *temporário* de natalidade: o preservativo masculino e a pílula feminina são permitidos; a laqueadura e a vasectomia são proibidas. O "crescei e multiplicai-vos" é amplamente levado em conta, mas não da mesma forma em todos os lugares. Por ora, a particularidade da cultura local e as especificidades das políticas de cada governo têm prevalecido sobre avaliações generalizantes. Na Turquia, onde a separação entre religião e Estado tem quase cem anos, o número de filhos por mulher é idêntico ao brasileiro. No Afeganistão do Talibã, onde os líderes religiosos enxergam as crianças como bênçãos de Deus, as mulheres têm em média 5,6 filhos. As que sobrevivem para tal, claro – o óbito de mães durante ou logo após o parto é elevado em muitos países de maioria muçulmana. O próprio Afeganistão detém o recorde de 1575 mortes maternas por 100 mil partos. Outros países islâmicos não se saem muito melhor: 804 por 100 mil na Guiné-Bissau, 1033 em Serra Leoa, 1065 no Chade. Na média global, o número caiu de 422 em 1980 para 320 uma década depois, e fechou 2008 em 251. Quando sobrevivem, mães muçulmanas e seus maridos não têm preferência em relação ao sexo do bebê – ou não deveriam ter. Para pais verdadeiramente submissos a Deus, o gênero dos filhos deve ser indiferente, e a predileção por rebentos varões não encontra respaldo teológico. Muito pelo contrário. A prática do infanticídio feminino, comum na era pré-islâmica, foi proibida pelo islamismo. Um *hadice* de Muhammad confirma: "Aquele que tiver uma filha e não a enterrar viva, ou maltratar, ou preferir seus filhos homens a ela, que Deus o receba no paraíso".

Podem não ser levadas a sério na totalidade dos casos, mas não são palavras vãs. Os ditos do mensageiro, seus exemplos, ações e omissões respondem por um quarto do sistema jurídico do Islã. Outros 25% vêm das revelações – que, compiladas, resultaram no Alcorão, a fonte de maior relevância; a metade restante se divide entre preceitos estabelecidos por religiosos e a jurisprudência nascida do consenso de comentadores. A norma da lei sagrada se chama xaria, mas bem poderia ser "Manual para viver como Deus manda", ou "Guia comercial, familiar, erótico, alimentar, cultural, societário, ético e jurídico do bom muçulmano", tal a amplitude dos assuntos que cobre. Como na música "Eclipse", do Pink Floyd, tudo que se toca, vê, prova, sente, ama, odeia; tudo de que se desconfia; tudo que se poupa e dá; tudo com o que se lida; tudo que se compra, mendiga, toma emprestado, cria, destrói, faz, fala, come, encontra, conhece, despreza e combate; tudo o que é, foi e será está, na canção, sob o sol; no Islã, está na xaria. Seu objetivo é assegurar o bem coletivo e o bom funcionamento da sociedade; garantir o bem-estar e os interesses individuais – mas o primeiro conjunto de preceitos se sobrepõe ao segundo. Apesar de o islamismo ser uma religião totalizante e completamente regulamentada, a base da xaria tem apenas cinco claustrofóbicos enunciados a encaixotar toda uma existência. É nos numerosos desdobramentos que se encontra algum respiro. Na primeira instância, ela objetivamente estabelece:

▷ Norma obrigatória: prática recompensada, não prática punida. "Não fez mais do que sua obrigação" não existe no Islã. O fiel é recompensado mesmo quando obedece ao que é regra. Mas deixar de cumprir, muito justamente, acarreta punição.

▷ Norma recomendada: prática recompensada, descumprimento não punido. Quando uma regra é apenas sugerida (mas não mandatória), segui-la também dá direito a recompensa. Se a sugestão for ignorada, não há castigo.

▷ Norma permitida: prática ou descumprimento são indiferentes. Fazer ou deixar de fazer os atos neutros não acumula pontos na coluna positiva nem na negativa.

▷ Norma não recomendada: prática não punida, não prática recompensada. Desaconselhar é diferente de proibir. Um ato meramente não indicado pode ser feito sem prejuízo. Se for evitado, é melhor e gera recompensa.

▷ Norma ilícita: prática punida, abstenção recompensada. Fazer o que é proibido gera penalidade, claro. Mas deixar de fazer o que é vetado já é suficiente para gerar pontos positivos.

Em uma análise sobre o cumprimento ou desobediência a determinada norma, vale a hierarquia segundo a qual em primeiro lugar estão as necessidades vitais, depois a satisfação de exigências e por fim a melhora das condições de vida. Eis um exemplo prático: "Se uma necessidade vital estiver ameaçada, uma necessidade menor pode ser dispensada. Por exemplo, em condições normais, uma pessoa deve manter suas partes cobertas. Manter as partes cobertas é importante para a vida e a conduta. Mas pode não ser absolutamente vital para a vida ou a saúde. Portanto, se uma pessoa precisar de um tratamento médico que seja uma necessidade vital, e se isso exigir que suas partes privadas sejam examinadas, então o exame tem precedência. Numa situação assim, a xaria permite que a pessoa se descubra diante do profissional médico". Deve ser muito reconfortante ao bom muçulmano adoentado saber que suas áreas pudendas podem ser examinadas por um médico sem que ele nem o doutor venham a enfrentar toda a severidade das punições islâmicas.

Apesar do pouquíssimo espaço deixado à interpretação, ainda é possível encontrar diferentes níveis de rigor na aplicação da xaria, o que dá razão à afirmação de Peter Demant: "O Islã é um cabide que acomoda uma variedade de posições sobre a mulher em função de opções ideológicas". Não apenas sobre a mulher, poderíamos acrescentar, apesar de ser sobre os ombros femininos que recaem o véu, a maior carga simbólica e o maior desconhecimento associados ao islamismo. Há também a "poligamia", traço no mais das vezes incompreendido e ainda assim criticado da religião. Ninguém nega que o profeta tenha tido mais de uma mulher ao mesmo tempo, embora a quantidade oscile entre nove e 13, conforme o autor. O que não muda é a explicação das causas. Faleceu Khadija, esposa 15 anos mais velha e única enquanto viveu. Em suas missões diplomáticas e campanhas militares, o enlutado Muhammad fez fama como pacificador de inimigos, hábil líder militar e moço sério e respeitoso. As mulheres eram viúvas originárias de várias tribos recém-integradas, de modo que os enlaces estreitavam vínculos, consolidavam a paz, apagavam a diferença de prestígio entre os grupos e reuniam todos em torno do Islã.

Mas Aisha não era uma viúva. De fato, era uma criança de apenas seis anos quando Abu Bakr Al-Siddik, seu pai, entregou-a em casamento ao profeta. Enquanto para alguns isso faz de Muhammad um pedófilo inescrupuloso, para outros é evidente que existia um acordo com o pai: conjunção carnal, só depois da puberdade. Os críticos argumentam que o fato de Abu Bakr ter sido o primeiro sucessor de Muhammad põe sob suspeita suas reais intenções ao dar a filha ao profeta. Os defensores apresentam sua tréplica: se ainda hoje está em vigor a obrigação de esperar pela maturidade sexual da esposa para levar a cabo a consumação do matrimônio, mais ainda teria sido esse o caso na época do último mensageiro. De fato, em 2009, o governo do Iêmen concedeu o divórcio a Nojoud Ali porque seu marido a desvirginou na primeira noite, quando ela tinha nove anos – mas isso não prova nada sobre o que teria ocorrido entre o mensageiro e a filha de Abu Bakr. Aisha, sobre cujo defloramento não há prova incontestes, é muitas vezes citada como a esposa preferida de Muhammad, mas a verdade é que a todas ele era obrigado a dispensar igual atenção, dedicar o mesmo tempo e prover idêntico conforto material. Uma família múltipla, como se imagina, exigia boas reservas financeiras, muita tolerância mútua e uma organização administrativa fora do comum. Quando o anjo ditou as novas regras do matrimônio, as do profeta já estavam feitas; a partir de então, não voltou a se casar. A dor e a delícia de ter nove (ou treze) esposas foram exclusividade de Muhammad. A partir da revelação, apenas quatro mulheres são permitidas simultaneamente. As obrigações financeiras e morais, entretanto, permaneceram: na residência da família, cada esposa deve ter seus próprios aposentos; nenhuma pode ganhar presente se as demais não receberem, cada qual, um idêntico; se o esposo dedicar dez minutos de prosa a uma, que se prepare para mais meia hora de papo com as outras três. Poligamia é o substantivo genérico que indica casamentos sobrepostos de um indivíduo com outros dois ou mais. A poliandria, casamento de uma mulher com dois ou mais homens ao mesmo tempo, nunca foi permitida no Islã. A poliginia, união concomitante de um homem com duas ou mais mulheres, é praticada atualmente na Península Árabe, mas foi proibida na Tunísia e na Turquia, entre outros países de maioria muçulmana. Sobre uma permissão religiosa de 1400 anos, outra cultura se impôs.

Com uma pele impecável aos 32 anos, dentes brancos, cabelo bem-cuidado e unhas feitas, Tatiana Andrade é um cartaz ambulante de divulgação da clínica de estética da qual é gerente. Divorciada, sem filhos, estudante tardia de Jornalismo, ela atribui precisamente à falta de separação entre cultura religiosa e costumes sociais sua abortada conversão ao Islã. Enquanto os fundamentos da fé aprendidos durante a iniciação revelaram pela primeira vez um Deus generoso, compassivo e presente, as regras humanas do estágio seguinte do curso levaram à total desmotivação. Ao deixar as aulas, Tatiana estava de volta ao estado de débito culposo ante Deus – o mesmo sentimento que, seis meses antes, tinha motivado sua inscrição.

Os avós paternos eram evangélicos da Igreja Batista. Por parte de mãe, o avô era da Congregação Cristã do Brasil e a avó, até onde a netinha podia perceber, não seguia nenhuma religião – apesar disso, obrigava as crianças da família a frequentarem as missas dominicais e matriculou Tatiana no catecismo. Os pais são ateus praticantes: nunca se falou de religião em casa. Por influência de duas tias evangélicas, um dos irmãos passou a frequentar o templo, quase dez anos atrás, e parece feliz. Com ela, a tentativa não funcionou. "No culto evangélico eu me sentia numa casa de loucos. Não desrespeitando, mas umas gritarias, umas coisas estranhas... Não era para mim." Desde que foi curada de um Linfoma de Hodgkin, aos 15 anos, Tatiana julga que não dá a Deus a importância que ele tem, não lhe dedica tempo suficiente, não é grata o bastante. O catecismo de anos antes, longe de proporcionar o conhecimento e o conforto necessários à superação da difícil fase, só havia deixado más recordações. O lado justiceiro vingador de Deus, que a professora escolheu abordar, deixou na menina um temor que, hoje, considera excessivo. A falta de respostas ("Como Sara conseguiu ter filho, se já era velha?") também frustrava sua natureza inquisitiva, certamente um trunfo para quando concluir a faculdade. Na iminência de fazer a primeira comunhão, tudo era aterrador: o padre, a confissão, a culpa. "Eu tinha oito anos, qual pecado podia ter? Grudar chiclete na carteira da escola? A meu ver, buscar Deus é respeitá-Lo, mas não temer tanto assim." Leu livros sobre espiritismo (interessantes, embora ainda insuficientes), mas não se arriscou na umbanda nem no candomblé. "É assim, me ensinaram que é errado, morro de medo, não quero nem falar no assunto. Me foi incutido que são do mal. Não tenho embasamento para saber, mas nem quero, deixa pra lá." Entre a fé católica e punitiva, a igreja evangélica e suas manifestações exuberantes, a umbanda errada e o candomblé do mal, seguia Tatiana buscando Deus.

Se na infância os homens árabes atemorizavam ("Nos filmes bíblicos de TV, aqueles homens fortes, de pele morena, sobrancelhas arqueadas e voz grossa, eu associava com medo"), na fase adulta passaram a seduzir Tatiana. Depois de se separar, chegou mesmo a namorar alguns. No segundo semestre de 2008, um convite no quadro de avisos da Uni Sant'Anna só faltou chamá-la pelo nome: *Curso de iniciação ao Islã. Todos os sábados, das 8h ao meio-dia, no campus do centro universitário. Grátis.* Puxando pela memória, ela diz que se sentiu "desafiada a conhecer o que é de fato a religião, porque o que a gente tem é um conhecimento deturpado. Quando falei das aulas de Islã, minha mãe, que tem aquele conceito de Jornal Nacional, perguntou se eu ia virar mulher-bomba".

A responsabilidade não será exclusivamente do telejornal – todos os muçulmanos adultos com quem conversei se queixaram da cobertura que a imprensa nacional dá aos assuntos islâmicos. Quando reporta fatos envolvendo cidadãos e países islâmicos, a mídia geralmente "trapaceia na abordagem", "extrapola traços individuais para características coletivas" e "tende a se posicionar favoravelmente ao lado não islâmico da questão", disseram, em resumo, os entrevistados. Nas ocasiões em que deixa de noticiar os acontecimentos, ou não lhes dá suficiente destaque, o Jornalismo é ainda mais culpado, no Brasil e no Ocidente em geral: quando muçulmanos bósnios foram massacrados por tropas sérvias, em 1995, o mundo ocidental levou três anos e 8 mil mortos para reagir aos massacres de Srebenica. E a omissão política é debitada na conta da imprensa. Também ocorre subexposição quando uma iniciativa de paz parte de um muçulmano. Em 2 de março de 2010, um acadêmico paquistanês radicado no Canadá promulgou uma condenação religiosa (*fatwa*) contra todos os atos de agressão praticados em nome do islamismo. O documento, de 600 páginas, foi elaborado por Muhammad Tahir-ul-Qadri, que no evento de divulgação afirmou: "Terrorismo é terrorismo, violência é violência e não há lugar para eles nos ensinamentos do Islã. Nenhuma justificativa pode ser oferecida, nenhum tipo de desculpa, de 'se' ou de 'mas'". O fato teve uma modesta repercussão.

Tatiana ignorou o comentário da mãe e se matriculou. A turma, mista, contava cerca de 30 pessoas. "Obtive todas as respostas que não consegui quando era pequena. Era tão bom! O professor não julgava as outras religiões, tão diferente do catecismo, que falava mal. As aulas eram as mesmas, os profetas com outros nomes, mas a mesma essência. Comecei a comparar. Antes eu perguntava e a professora olhava feio, o padre olhava feio. Ali não, ele respondia com muita simplicidade, até gostava que perguntasse. Eu me encontrei muito, sentia que Deus estava ao meu lado, naquelas aulas. E fazia tempo eu tinha perdido esse contato, desde o câncer da adolescência."

Tão elementares eram as aulas que nem mesmo sobre as cinco rezas diárias se falou. O módulo básico se aproximava do fim quando o professor promoveu um churrasco na Casa de Cultura Turca. Entre uma e outra picanha, ele explicou que, nas etapas seguintes, paralelamente ao conteúdo doutrinário, haveria aulas de culinária, de artesanato, bordado e pintura em tecido. Tudo ministrado por muçulmanas a um grupo exclusivamente feminino. Os dias de livre debate em aulas mistas ficariam para trás. "Daí me senti meio enganada. Não pela religião em si, mas aquilo começou a me chocar um pouco. Ficou claro que, se eu me convertesse, as coisas não iam ser fáceis. É tudo muito lindo, a seriedade deles com a fé me encantou. Sou muito ignorante, mas, das religiões que conheço o básico, nunca vi tanta dedicação como a que eles têm com a crença, com Deus. Mas o radicalismo foi... Por que tinha que voltar, como o da minha infância? Não me converti." Além de lições das clássicas prendas domésticas, às quais só faltavam aulas de piano, Tatiana foi afugentada pela ameaça de perda de autonomia, pelo estreitamento do horizonte social, pelas restrições à arduamente conquistada liberdade. "Não queria perder a consciência mais uma vez, já tinha feito isso no casamento. Eu era programada pelo meu marido, fui o que ele queria que eu fosse. Antes, já tinha sido embutido na minha cabeça que, se eu não soubesse orar o Pai Nosso e a Ave Maria, não chegaria a Deus. E agora, de novo? Não. Nenhuma religião vai me programar. Quero continuar sendo quem eu sou. Preferi manter o encanto que tinha me feito tão bem nos seis meses das aulas iniciais."

No dia do churrasco, o professor entreviu a delicada tatuagem que Tatiana tem no ombro esquerdo. "Eu teria que tirar. Ele me deu uma explicação bonita, mas floreada. Pura literatura", ela relembra. "Quando você ora, você tem que se lavar e estar limpo para Deus. Como você não pode limpar os seus pecados, que ao menos se limpe fisicamente. Ele falou que com a tatuagem a água não infiltraria minha pele, eu não ficaria limpa." Acompanhada de sua fadinha de cinco centímetros, Tatiana bateu asas.

O Islã apaga os pecados anteriores à conversão. Além disso, a punição sofrida em vida apaga a falta correspondente da contabilidade celeste: não existe castigo divino *post mortem* para o erro já terrenamente redimido. Não há base estatística que comprove ser esse o motor das conversões que se observam nas prisões norte-americanas, embora muitos, como Mike Tyson, renasçam muçulmanos de suas temporadas carcerárias. Dados históricos também não confirmam que tenha sido em nome da eternidade no paraíso que se converteram outros famosos, como o músico Yusuf Islam (anteriormente conhecido como Cat Stevens) ou Malcolm X (nascido Malcolm Little), cujo nome muçulmano completo era Al Hajj Malik Al-Shabazz. Seguramente, não foi essa a razão que moveu Jucimara Prestes Matos, uma ex-freira. Vinte anos atrás, farta das ameaças da mãe, a tranquila Jucimara se rebelou. Em Pinhão, interior do Paraná, chantagear mocinhas era tão comum quanto fácil: ou tomavam jeito ou seriam mandadas para o convento. Avaliando que a rotina monástica seria mais agradável que a infernal reinante em casa, Jucimara partiu para Pato Branco, 169 quilômetros ao sul. Tinha 14 anos.

O que à primeira vista parece birra de adolescente que bem merecia as intimidações maternas revelou-se, afinal, um ímpeto de exceção na vida desta moça muito branquinha, que fala com suavidade e se move com parcimônia. Ela garante que não foi a maturidade que a domesticou: a mãe é que sempre a tirou do prumo. "Fiquei no convento em Pato Branco e achei o máximo. Depois fui para Toledo, de lá para Curitiba, depois para Mangueirinha. Já tinha passado por aspirante, postulante e noviça. Estava juniorista, votos feitos. Era freira." Os pais adoeceram e não tiveram pejo em fazer chegar à filha a notícia de que a saúde de ambos se esvaía por culpa dela. Jucimara, então uma moça feita de 22 anos, tirou férias e voltou para casa. "Minha mãe, primeira coisa, escondeu todos os hábitos, véus, tudo que era de freira, fez um pacote e mandou escondido, por Sedex, para o convento!" Enferma, talvez, mas arraigada às velhas atitudes. O pai, por seu turno, bradava contra a lavagem cerebral a que as malvadas madres teriam submetido sua filhinha.

Não havia maneira de retornar à vida religiosa sem arruinar definitivamente a vida familiar. Jucimara pediu um desligamento temporário, prestou vestibular e foi cursar Direito em Foz do Iguaçu. "Pelo menos minha mãe fica feliz que eu estou estudando", resignava-se. Dedicada, já no segundo semestre conseguiu um estágio.

Foi no escritório de advocacia que conheceu o marido, Essam. "Esses árabes sempre têm problema na Justiça, documento ou outra coisa. Atrás de um bom árabe sempre tem um bom advogado. Eu não diria sempre árabe, mas estrangeiro em geral, por não conhecer lei." Ela se encantou pelo egípcio sete anos mais velho, que falava muito de Deus e se queixava de saudades da mãe. Ele logo se afeiçoou pela mocinha tímida, de cabelos curtos e roupas recatadas. "Achei que ia ser coisa passageira, não havia necessidade de contar para mãe, pai, irmão. Se eu saí do convento, que era superliberal, e podia entrar num ambiente extremamente fechado, minha mãe ia ter um enfarte. Mas não tive como dizer não ao convite de casar. Ficamos seis meses namorando e, quando minha mãe descobriu, nós já tínhamos casado." Contra seu receoso prognóstico, a mãe não enfartou. O problema nem era tanto o casamento às escondidas, mas o fato de a senhora ter, agora, um genro muçulmano. Os pais cortaram relações com Jucimara.

Em 2001 nasceu a primeira filha do casal. Essam achava insustentável aquela cisão familiar, tão contrária à religião quanto aos seus sentimentos em relação ao próprio núcleo, querido e distante. Instava a mulher a telefonar, mas ela resistia. "Um dia eu cheguei em casa e ele tinha trazido meus pais. Entrei e estavam os dois na sala, brincando com a minha filha. Levei um choque, mas pensei: 'Seja o que Deus quiser'. Não deu certo. Quando fui para a casa deles ter meu segundo filho, minha mãe não queria me deixar voltar! Quando meu marido foi me buscar, foi uma encrenca danada, uma coisa feia. Depois disso, depois que meu último filho nasceu, não falamos mais." Isso foi em 2003.

Não houve formalização em cartório, e Jucimara ainda não era convertida quando o xeique celebrou seu casamento com Essam. O islamismo permite que o homem se case com mulheres de qualquer religião, ele é o principal responsável por transmitir a fé aos descendentes. Não importa a religião da mãe: os filhos de um muçulmano são muçulmanos. A mesma lógica patriarcal também restringe os homens com quem uma muçulmana pode se unir: se os filhos tiverem um pai espírita, umbandista ou ateu, as crianças serão educadas fora do Islã – *desencaminhadas*, portanto. Antes do casamento, Essam só pediu à futura esposa que rezasse, conhecesse o Alcorão e se aproximasse de sua crença. "Ele é ótimo", sorri. A transição foi um processo lento e nada penoso. "Era fácil fazer comparativos porque antes eu era franciscana, e justamente São Francisco é um dos pais do ecumenismo." Muitas leituras, conversas com o marido e o convívio com a comunidade islâmica do Paraná pavimentaram o caminho, mas foi a maternidade que deu a Jucimara o impulso decisivo.

Fazer a proclamação é o princípio basilar do Islã, o primeiro e mais importante dos cinco pilares da prática islâmica. Testemunhar que só existe um Deus e que Muhammad é o último profeta são declarações tão graves e poderosas que dizê-las em voz alta, de todo o coração e de toda a consciência, basta para se tornar muçulmano. "Meu coração falou quando nasceu minha filha. Ela ali, pequeninha, eu olhei e pensei: 'Preciso me decidir, o que vou falar para ela? Eu sou quem, acredito em quê?'" Ainda se passariam dois anos até que Jucimara mudasse o visual. Porém, quando decidiu adotar a roupa islâmica, adotou-a por inteiro: véu fechado logo abaixo do queixo, mangas longas, calças compridas e o manto largo caindo até os sapatos fechados. No dia da entrevista, era tudo preto, de cetim, com rico acabamento egípcio: foi a sogra quem despachou como presente, satisfeita pela conversão da nora que até hoje não conhece pessoalmente. "A diferença das roupas não é assim tão grande, porque o véu de freira fecha aqui, começa aqui e vem até aqui", gesticula apontando para o pescoço, a raiz do cabelo e o meio das costas. As boas lembranças que Jucimara guarda do convento se equiparam à alegria que encontrou no Islã. A vivacidade carinhosa com que fala da sogra em nada lembra a voz de renúncia cansada que tem quando se refere à mãe. Em nenhum momento falou de boca cheia, apesar de ter estado por duas horas diante do prato de almoço – sem tocá-lo. Atrasada para a reza na Escola Islâmica Brasileira, Jucimara pede à moça da cantina que guarde sua comida e sai apressada pelo corredor, desculpando-se. A refeição postergada não importa. "A conversão é um caminho iluminado por Deus", vai dizendo e se afastando. "Hoje busco misericórdia e o perdão dos meus pecados." Não parece que sejam muitos.

"Os únicos que vão para o fogo são aqueles que veem ou ouvem falar do profeta e do Alcorão, mas não procuram mais conhecimento sobre eles. Os que permanecem na escuridão involuntariamente, por não terem nenhuma possibilidade de ouvir a respeito de outras coisas, podem se beneficiar da Graça Divina e não ser culpados ou castigados por seus atos incorretos", ensina a doutrina islâmica. Aos ignorantes, a hipótese de perdão; àqueles que tomam consciência e nada fazem, nada resta – mas essa não é uma ameaça capaz de fazer tremer nas bases (nem levar à conversão) um destemido policial. Brasileiro e cristão, ele se casou com uma muçulmana "e não se islamizou". O relacionamento já havia gerado um filho e ainda não contava com as bênçãos do pai dela, "um árabe islâmico bem rígido". A cerimônia até tinha sido feita por um xeique, o noivo até havia concedido que fosse realizada na mesquita, "mas não se islamizou". Ocorriam discussões e todo tipo de problema com a família quando, quatro ou cinco anos depois, sobreveio o divórcio – tudo porque (adivinhe só) "ele não se islamizou". A conversão que não houve é contada com uma ênfase tipicamente juvenil por Saddam Chassan Chaffouni, 19 anos, o filho caçula dela, o segundo do casamento seguinte, desta vez com um bom muçulmano. Antes de conhecer o novo esposo, ela havia reunido seus pertences, pego o primogênito e deixado para trás o lar do marido cristão. Alugou um pequeno imóvel e cuidava da vida.

"Daí meu avô soube e mandou os outros filhos buscarem ela e todas as coisas dela e levarem para a casa dele, porque filha dele não fica na rua com filho e sem marido", vai contando Saddam com a intensidade nascida da concordância. O rapaz aprova a atitude do avô, apesar de reconhecer que há pontos negativos na interferência exagerada de famílias árabes sobre a vida de um casal. Os pais de Saddam se conheceram e, em uma semana de conversas na sala de estar, se casaram – com a entusiasta aprovação do pai da noiva, desta vez, mas grandes reservas da família do futuro marido. "A mãe do meu pai não aceitou que ele casasse com divorciada. Ela, lá do Líbano, não queria. Tanto que meu pai chegou quase a noivar com uma irmã da minha mãe, só porque era solteira." Quando ainda era solteira, a mãe de Saddam tinha grandes planos para si: queria ser advogada. A saída forçada da escola, aos 14 anos, foi um baque absorvido silenciosamente. "Era para se dedicar às lições de casa da mulher", ele enumera, "cozinhar, lavar, passar, tudo isso. Na família da minha mãe são sete mulheres e cinco homens. Enquanto os homens trabalhavam, as mulheres cuidavam da casa, do almoço, da janta." A suspensão dos estudos "foi só por dois anos, um intervalo bem curto", relativiza, como se nada fosse. Ela retomou a escola e chegou a cursar dois anos de Direito, mas engravidou, parou e não voltou mais. "Na família da minha mãe só os homens se formaram. As mulheres ficaram só donas de casa e esposas, mesmo."

Tal como a mãe de Saddam, Jucimara também interrompeu a faculdade na primeira gestação, e atribui à falta de diploma e ao pouco conhecimento do árabe a função modesta que exerce. Se ao menos dominasse a língua estrangeira, poderia trabalhar direto com o xeique, mas em vez disso a ex-freira franciscana é inspetora de alunos. Ela é exceção na Escola Islâmica Brasileira. Não por ser convertida, posto que há outras duas mulheres nessa condição, mas porque a maioria dos docentes é, no mínimo, bilíngue. Kamar, Mirna e Mitel, por exemplo, são muitíssimo mais fluentes em árabe que em português e suas entrevistas, na sala dos professores, correm com dificuldade. "Correm" até nem seria o termo exato; "claudicam" descreve melhor as conversas cheias de dúvidas de vocabulário, longas explicações mútuas e frequentes papos paralelos – que elas certamente reprimem, em classe. Dispensam ajuda para elogiar em coro o acolhimento do povo, a vontade de ser útil, a educação nos transportes públicos, a simpatia, o respeito. São unânimes em apontar as dificuldades dos alunos brasileiros quanto à pronúncia ricamente nuançada do árabe. Em todo o restante, divergem.

Kamar Mohamad Baydoun é libanesa, tímida e mãe de dois meninos, de dez e 4,5 anos. O marido tem dupla cidadania e veio pouco antes. Ela chegou há quatro anos e, perguntada sobre as vantagens daqui, hesita mais do que posso atribuir à barreira linguística. "Nada." Ao contrário da rotina comunitária que tinha no Líbano, com quintal coletivo, refeições conjuntas, familiares no mesmo bairro e vários amigos, a nova vida é muito, muito solitária. "Lá, a família é junta, aqui não. Lá, atravesso o país do norte ao sul em um dia, de carro. Aqui, todas as distâncias são grandes." Maior é sua lista de queixas. "Estou na escola até duas horas, chegar em casa é rezar e cozinhar, todo dia, e já é fim de semana. Nós vivemos em Guarulhos, os parentes do meu marido estão longe." Ela leciona árabe; o marido trabalha na fábrica de colchões do irmão. Será que uma faxineira, uma vez por semana que fosse, não aliviaria sua carga de mãe que trabalha fora e ainda faz o serviço de casa? "Eu gosto de fazer trabalho doméstico", responde sem muita convicção. "A comida é com minha mão, gosto de minha comida. De outra mão não como." Mas por que veio? E por que não volta? "A guerra", é sua lacônica resposta.

Mirna Derbas é pálida, tem nariz fino e olhos claros. Estava de véu azul passeando na Rua 25 de Março quando uma transeunte tresloucada ajoelhou-se à sua frente, estendeu os braços e implorou: "Nossa Senhora, me dá a bênção!". Mirna nunca mais usou véu azul. Suas filhas, de 13 e 15 anos, usam azul, mas não no véu – elas ainda não colocaram o lenço. As três são abordadas com frequência nos *shoppings* da cidade. " 'Por que você usa e elas não?', perguntam. Eu respondo que só quando estiverem preparadas, só quando quiserem." A tolerância materna se espreme numa estreita brecha doutrinária. Ao mesmo tempo em que adotar o lenço é obrigatório a partir da puberdade, também é fato que não se pode forçar uma moça a colocar o véu – ou *hijab*, em árabe. No intervalo entre a primeira menstruação e a decisão de vesti-lo, é preciso considerar com seriedade a decisão que, uma vez tomada, não pode ser abandonada.

A convicção individual, a livre obediência à ordem de Deus, é parte fundamental do Islã, nesse e em outros aspectos. Por outro lado, se a decisão voluntária não vem até o fim da adolescência, então os pais e o xeique devem sugerir com firmeza que já está passando da hora. Mirna é menos flexível quando se trata de "redes sociais e essas coisas. Proíbo". Ela está há 18 anos no Brasil e sempre teve empregada doméstica, o que certamente colabora para manter sua pele de santa.

A terceira professora entrevistada na Escola Islâmica Brasileira, Mitel Khalil Smaili, é venezuelana. Seu esforçado português mistura o espanhol natal, o francês aprendido no Líbano, o árabe falado a vida toda e sei lá mais o quê. Respirei fundo e me preparei para o pior. Ela leciona língua árabe, nível intermediário, para crianças de seis a dez anos. Seu filho "acidental, de descuido", também tem seis; os dois maiores, 15 e 18. As turmas da escola inteira são mistas no gênero e na ascendência: meninas e meninos de origem árabe estudam lado a lado com espíritas, cristãs e cristãos nativos. Mas os muçulmanos predominam. "Tem aluno de Palestina, de Egito, Líbano e mais. Tem alguns xiitas e muitos sunitas. É tudo normal." Mitel tem 45 anos, está no Brasil desde 1990, na EIB há doze anos e com véu há dez. "Não sempre usei *hijab*. No Líbano não usava, não pode obrigar, você tem que ter consciência para usar. Quando cheguei aqui dava aulas de inglês e de árabe. Para as de árabe é obrigatório. Comecei a colocar e a ir mais profundo na religião. Depois, usei sempre." Pelas ruas e nos transportes coletivos, a reação popular varia. "Tem pouca pessoa ignorante que fala alguma coisa. Às vezes pergunto, quer autógrafo?" Às vezes querem. Alguma coisa acontece com as pessoas quando elas cruzam *hijabs* na esquina da Rua 25 de Março – especialmente se for dezembro. Lá, em 2009, passou por Mitel um menino acompanhado da mãe. A criança aponta para a muçulmana e berra "Mamãe Noel, Mamãe Noel!". A mãe agarra o bracinho e acelera o passo. No mais das vezes, só lhe param adultos curiosos sobre a religião. Apesar de ser casada, ela não usa aliança. "Eu engordei, não entra. Antes, 45 quilos, agora, duas vezes mais!" Ela ri de si mesma; as esbeltas Kamar e Mirna sorriem em maldisfarçada piedade. "Meu marido usa. Homem não pode de ouro, pode de prata. Na nossa religião não tem, mas em tradição todo mundo usa, aqui." Estar acima do peso não diminuiu sua vaidade. Ao me levantar observo o grande "Dior" de seu *hijab*. Não me atrevo a perguntar se é da 25.

Muçulmanas podem usar sem restrição artefatos e adornos de seda e ouro; aos homens, os dois materiais são proibidos. Homens muçulmanos podem usar anéis, mas *não* para simbolizar o casamento, pois isso é "inovação dos incrédulos". Anéis profissionais, ornamentais e acadêmicos são permitidos desde que não sejam de ouro porque "homens, usando anel de ouro, se parecem com mulheres, e o Profeta amaldiçoou os homens que imitam mulheres", lê-se em "Seleção dos atributos do Profeta Mohammad", de Mohammad Ibn Jamil Zino.

A EIB foi fundada em 1960, mesmo ano de inauguração da Mesquita do Brasil. Mas faz apenas uma década que a Sociedade Beneficente Muçulmana, que ergueu o templo, assumiu também a escola. Antes, os donos eram pessoas físicas. A SBM a mantém, apesar de ser uma escola paga; mesmo assim, se não fosse pela ajuda de um muçulmano generoso, já teria fechado o portão de grades azuis. "Tenho um doador que banca R$ 40 mil por mês de bolsas", conta Magda Jundi Khaznadar Lancuba, no comando há sete anos. As mensalidades vão de R$ 375, na educação infantil, a R$ 680, no ensino médio, o que não parece uma exorbitância para uma instituição que oferece alfabetização bilíngue árabe-português, aulas de balé, judô, inglês e informática para os pequenos, e artes, cultura árabe e religião islâmica para os maiores. "O problema é que, dos meus 411 matriculados, uns 350 têm algum tipo de bolsa", lamenta. O calendário obedece aos feriados nacionais e também às comemorações islâmicas. Para cumprir a carga horária obrigatória do país, as aulas se estendem das 7h às 13h40. Do primeiro ao último ano, a grade curricular é única para todos os alunos, exceto as aulas de Islã, dispensáveis aos seguidores de outras crenças. "Mas alguns fazem a opção de ir. E tudo bem também, eles rezam direitinho." Magda é muçulmana, mas considera que fé é principalmente atitude e por isso, apesar do cargo, não usa véu. Seu avô, sírio da cidade de Homs, foi um dos financiadores que apoiaram a construção da Mesquita do Brasil. Na semana em que Magda concedeu a entrevista, Samy Alboraiy já tinha sido substituído por um novo xeique, cujos filhos estavam em fase de integração na escola que ela dirige.

Infância
Ou de como uma recitação que durou 23 anos virou best seller *14 séculos depois*

As três religiões monoteístas creem no mesmo Deus, mas lhe consagram datas diferentes: domingo para os cristãos, sábado para os judeus e, para os muçulmanos, sexta-feira – quando é imperativo aos homens, mas apenas recomendado às mulheres, que participem da reza coletiva. A obediência ao encontro semanal mudou a paisagem da Rua Barão de Jaguara, que abriga a Mesquita do Brasil na esquina com a Avenida do Estado. No dia anterior, quadras livres e não regulamentadas tornavam o estacionamento uma simples questão de escolha. Antes das 9h, uma moça dava bom dia a quem saltava suas folhas recém-varridas. Na loja de carros, vários estavam em funcionamento, porque, "se ficam parados muito tempo, dão problema", explicou o vendedor tossindo pela fumaça. Mal vencendo o ruído dos motores, confessou não saber o que é a construção no fim da quadra, de fato nunca foi até lá, chega ao trabalho pela ponta oposta da rua. Do outro lado da calçada, a proprietária da Casa do Norte, instalada ali há tantos anos que nem sem lembra, garantiu que o prédio é uma igreja, mas não sabe "de qual que é o tipo". À porta da mesquita, foi preciso aguardar um bocado até que a campainha fosse atendida por Iara, a cozinheira, que veio lá do fundo ainda enxugando as mãos no avental. Estava atarefada com a preparação do almoço do dia seguinte, desculpou-se. Naquela quinta-feira, aguardei Al-Sharif no salão de refeições parcialmente ocupado por 20 mesas de seis lugares. Copos decorados com o nome da Sociedade Beneficente Muçulmana repousavam de cabeça para baixo sobre a toalha – verde, a cor do Islã – puída e cheia de furinhos. Enquanto a reforma não chega ao banheiro, as cabines femininas são indicadas por uma ilustração de moça – sem véu.

Mas na manhã seguinte, 30 de abril, a oração obrigatória muda tudo. A Barão de Jaguara está irreconhecível, com quarteirões a fio ocupados por automóveis elegantes, em que motoristas se encostam à espera de seus patrões. À entrada da Sociedade Beneficente Muçulmana, uma senhora robusta vende doces árabes sobre um tabuleiro instável. Crianças brincam na área externa enquanto, lá dentro, transcorre a missa. Sim, a cerimônia religiosa islâmica também pode ser chamada de missa.

Às sextas-feiras, para adentrar a mesquita, mulheres sem o manto (*abaya*) precisam colocar sobre a roupa uma longa saia. Branca, larga, de elástico na cintura e disponível em tamanho único, ela é emprestada gratuitamente na sala-vestiário. Não aumenta a elegância de uma mulher de 1m75 e decididamente não favorece as baixinhas, que a suspendem até as axilas. A parte feminina do templo é o fundo, ao qual se chega por uma passagem lateral. Entre os 19 pares de sapato junto à porta, um carmim, envernizado e de salto muito alto, acende a imaginação.

No mundo todo, as orações rituais do islamismo são conduzidas em árabe, em respeito à língua da revelação. Súplicas pessoais podem ser feitas em qualquer idioma, um conforto para muçulmanos brasileiros, notoriamente monoglotas. Não espanta que a maioria dos 200 homens, na área central da mesquita, tenha aceitado a oferta de radiotransmissores de tradução simultânea. Não é Al--Sharif quem exerce a função, mas também este intérprete tem dificuldades com o português. Quando lhe fogem as palavras, ele se expressa em árabe mesmo. Depois de convocar "peçamos perdão", murmura, suponho, os próprios pecados. Estão seguros comigo, que só aprendi meia dúzia de vocábulos e, ainda assim, provavelmente com a pronúncia errada. O sinal do radinho é fraco, ando de um lado a outro em busca de melhor recepção, aumento o som ao máximo. Afinal a voz volta, o último volume me pega de surpresa e pulo de susto. As mulheres mais velhas, concentradas, não perce-

INFÂNCIA

bem. As jovens, menos atentas ao xeique, riem. Na saída, homens seguram pelas pontas um tecido onde outros homens deixam suas contribuições – em breve será preciso atualizar os R$ 1.606.541 informados na placa de entrada.

O xeique Samy Alboraiy acena de longe, gesticula agradecendo minha presença e faz a refeição com senhores barbudos de *taqiyah*, o chapeuzinho característico dos muçulmanos africanos. Durante o almoço, Hadi Khalifa, líbio há 22 anos no Brasil, apresenta-se à fotógrafa como o tradutor simultâneo e se oferece para dar entrevista, que agendamos para dali a duas semanas. Na nossa mesa estão também Márcio Kastakliunas, brasileiro de origem lituana em processo de se converter (ainda sem um Alcorão), e duas estudantes do interior. Uma delas em sapatos vermelhos de salto agulha.

Uma grande decepção, porém, viria dali a quinze dias, quando voltei para entrevistar o católico a caminho da conversão e saí, apenas 20 minutos depois, sem nenhum material. Márcio, pelo visto, havia desistido de se tornar muçulmano: desde nosso primeiro encontro, não tornou a aparecer. Mas Khalifa, que se disse professor universitário de Física e Eletrônica, estava à minha espera. Tínhamos espaço e privacidade no salão de refeições, mas ele preferiu conversar dentro da mesquita – onde eu deveria cobrir a cabeça para poder entrar, e naquele dia não trazia um véu na bolsa. Servi-me então dos lenços oferecidos na sala-vestiário. O *hijab* de tricoline branco tinha uma pequena abertura para o rosto e se mantinha firme no lugar graças a uma fita elástica apertadíssima, justa como Deus, na garganta. Esgoelada, pronta a dublar Pato Donald, vou ao encontro dele mas, antes de conseguir dizer qualquer coisa, os papéis se invertem: Khalifa faz todas as perguntas. Quem vai publicar meu livro, o que aprendi sobre a religião islâmica, quais obras estudei, quem mais foi entrevistado, tenho planos de me converter? Não?! Mas por quê? Ele se recusa a responder, está tomado de um espírito inquisitivo. Avisa que não vai assinar a autorização, pede que eu não ligue o gravador. Há uma missão evangelizadora em andamento naquele sofá, cujo objetivo é minha conversão. Explico que estou ali como repórter, que me sinto bem com minha fé, que percorri 30 quilômetros para entrevistá-lo, que ele tinha meu número e poderia ter cancelado o encontro se não desejava mais participar do livro – mas uma voz esganiçada como a que me saía não impõe nenhum respeito, e ele volta à carga: mas eu conheço os privilégios que a mulher tem, no Islã? Desisto. Peço desculpas, me levanto e saio da mesquita. Devolvo o lenço à gaveta e observo no espelho a marca avermelhada que o elástico fez no meu pescoço.

Na Escola Islâmica Brasileira, sexta-feira é o Dia do Hijab, quando alunas de todas as idades e crenças são incentivadas a cobrir os cabelos. De segunda a quinta, apenas as muçulmanas usam o véu – e mesmo assim, nem todas. Em 28 de maio, respondendo aos cartazes de incentivo espalhados pelos corredores, a maioria veio para a aula com o lenço, e a entrada da EIB é uma passarela ondulante de cabeças coloridas. Os maiores, que supostamente já realizaram em casa a primeira oração do dia, sobem para as classes. Na quadra poliesportiva, as professoras dos pequenos tentam organizá-los em fileiras. Caminhando devagar entre as crianças alvoroçadas, microfone em punho, o xeique vai cumprimentando em árabe e português, elogiando aqui, afagando ali, repreendendo acolá um terceiro que foge da linha como um botão escapa de uma casa grande demais. O menino é muito pequeno também. São 7h15 quando se formam filas tão retas quanto é possível para crianças de quatro a sete anos. Barbie reina absoluta nas mochilas. A autora infantil Maria Clara Machado marca presença, indiretamente: algumas meninas são tão novas, e seus véus tão longos, que parecem "Pluft, o fantasminha" de uniforme azul escuro.

Pela doutrina islâmica, sete anos é o período em que a criança atinge o *tamiz*, a idade do discernimento, e começa a receber as primeiras informações sobre sua religião, como a proibição à calúnia e o ritual das rezas, que só têm legitimidade quando feitas de acordo com cinco condições. A primeira é a higiene, imprescindível e abrangente. Inclui um local purificado, roupas limpas e corpo asseado. As orações se repetem cinco vezes ao dia, mas não é preciso tomar banho a cada vez: apenas se desde o anterior tiver ocorrido defecação, sangramento, relação sexual, ejaculação (provocada ou involuntária), desmaio ou sono. Episódios de flatulência e urina são eliminados com uma lavagem mais simples, chamada ablução, em todos os casos necessária antes da entrada na mesquita. No lavatório da EIB, a parede oposta às torneiras traz fotos legendadas sobre como proceder: o que lavar, quantas vezes e em que ordem. O segundo princípio de validade é o horário, o terceiro é voltar-se para Meca. A informática é de grande ajuda no cumprimento desses dois itens. Relógios, programas de computador e celulares inteligentes podem ser ajustados para avisar ao crente a hora e a direção. Ao muçulmano viajante, a tecnologia oferece a comodidade extra de atualizar automaticamente a latitude e a longitude de sua posição, de forma que ele não se perca na oração do meio-dia se estava em Paris ao alvorecer e rezará no Rio de Janeiro a oração da tarde. A quarta regra é a intenção e a quinta é estar vestido adequadamente. O homem deve cobrir no mínimo do umbigo até o joelho; a mulher, cujo corpo inteiro tem apelo erótico, deve cobrir tudo, com exceção do rosto, das mãos e dos pés. Todos são igualmente proibidos de trajar roupas transparentes ou apertadas: ressaltar a silhueta é totalmente impróprio. Essas informações iniciais são ensinadas às crianças apenas para que comecem a se familiarizar com o básico. Como dever religioso, a oração só é obrigatória para ambos os sexos a partir da puberdade.

Mas é justamente a partir da adolescência que a vida fica mais corrida e a prática de tantas orações se complica. Magda Lancuba, a diretora da escola, ocupa uma atulhada sala de cinco metros quadrados. As prateleiras vergam sob o peso dos papéis, e sua escrivaninha é uma homenagem à Torre de Pisa na quantidade e na inclinação dos documentos empilhados. O telefone interrompe a todo instante: "Dentro do que posso, sou muçulmana, evito tudo, carne de porco, álcool. Só não faço as cinco rezas diárias porque" – agora batem à porta – "é impossível". Com 47 anos e toda a carreira dedicada à educação, ela tem suficiente experiência para não se deixar abalar pelos rankings oficiais. "Não acredito em Enem, Enade. Trabalho com outros indicadores. Por exemplo, ingresso em faculdade pública. Este ano a gente colocou 70%". É um número eloquente, mas a explicação lhe rouba o impacto. Seis ex-alunos entraram, dos quais dois fizeram cursinho antes, entre os apenas nove que prestaram vestibular em universidade pública. E seis é 66,6% de nove. Compreensivelmente, ela prefere se concentrar sobre as bem-sucedidas transformações que logrou promover ao longo dos últimos sete anos.

O objetivo da escola é formar um cidadão melhor para o mundo. Concepções do que sejam "cidadão melhor" e "o mundo" variam. A estrita separação de gêneros em espaços públicos, como determina o islamismo, foi o argumento do xeique para dividir as turmas por gênero. Magda se opôs. A separação dos sexos não fazia sentido logístico: as salas seriam insuficientes, a menos que a escola reduzisse a oferta de séries. Também não tinha cabimento educacional – e ela ainda o persuadiu a cursar uma faculdade de Pedagogia, para que aprendesse por si mesmo. A relação entre ambos é delicada, e Magda baixa a voz ao expor: "Regimentalmente, ele é subordinado a mim. Só que, religiosamente, um xeique é o líder de qualquer outro muçulmano". A diretora fez sua parte nas necessárias concessões diplomáticas. Acatou a recomendação dele e instituiu a separação de corpos nas aulas de educação física. Moças e rapazes não podem se tocar, e seria de um otimismo irreal acreditar que as partidas esportivas não provocariam esbarrões. A experiência concreta é proibida, mas a teoria precisava ser apresentada. "Até minha entrada, não se falava nisso", conta Magda, olhos verdes indignados com a lembrança. "Mas foi mandado um *e-mail* para os pais explicando a necessidade. A gente contratou um médico muçulmano e uma médica muçulmana para darem educação sexual. Porque eu não posso ter aqui uma pessoa que fale 'quando a mulher transa', admitindo que não seja depois do casamento. Tem que ter coerência. Agora eles têm a informação e ela é integrada à visão."

Integração é uma palavra-chave na Escola Islâmica Brasileira. Não bastassem as questões de gênero e de religião, existe a preocupação de preparar os formandos para a continuidade dos estudos em faculdades laicas e, ainda, a chegada de novas crianças e adolescentes no meio do período letivo. "Aqui tem essa riqueza do convívio plural. Mas cada aluno novo que entra a gente enlouquece para colocar no mesmo nível, tanto de aprendizado quanto de disciplina", desabafa Magda, omitindo se são indisciplinados os filhos de Khaled Taky El Din, xeique egípcio de 48 anos, pai de seis pequenos paulistanos. Ele tem muito o que aprimorar de seu português, apesar dos longos anos em que vive no país. Ele foi enviado para a América Latina assim que se formou, há 23 anos. Morou no Chile, na Argentina, Venezuela e Colômbia. No Brasil, serviu em Foz do Iguaçu, Maringá, Curitiba, Brasília e Mogi das Cruzes. Hoje, além de responder pela Mesquita de Guarulhos, é Secretário Geral dos Sheikhs do Brasil, Secretário Geral do Conselho Superior dos Teólogos e Assuntos Islâmicos do Brasil e faz parte ainda da Federação das Associações Muçulmanas do Brasil, a Fambras, onde nos conhecemos.

A recepcionista, cabelos alisados à mostra, me conduz até o escritório sem cortinas nem tapetes que El Din divide com Carlos José Dias Júnior, católico que há seis anos responde pela comunicação da entidade. O xeique se adianta para me receber e estende a mão para um cumprimento firme. "Considera como pecado, é ilícito cumprimentar mulher com mão. Mas a gente respeita isso dentro da comunidade, quando a mulher tem o conhecimento. Se não sabe, se é a primeira vez, não posso ser mau. Não fica de boas maneiras receber sem cumprimento." Quando a maior autoridade religiosa sunita no Brasil abre a entrevista com uma exceção desse tipo, a flexibilidade do restante do discurso não surpreende. Invertendo os verbos "ser" e "estar", El Din afirma, sério: "A gente não *é* aqui para julgar outras pessoas. A gente *é* aqui para viver com cristãos, judeus, muçulmanos. A diferença de religião não significa que fico injusto com meu irmão". Ele reputa o Brasil como um dos únicos países em que a liberdade de convívio não se dá pela ignorância mútua ou pela segregação física, mas pelo respeito que cada comunidade dedica às demais. Mas é um privilégio de poucas nações, completa. "O difícil é as ideias que vêm de fora. Aqui no Brasil tem muito interesse, perguntam o que significa Alá, por que os muçulmanos terroristas. São dúvidas que deixam as pessoas se aproximar para perguntar. Nunca cansa responder. Eu tenha falado sempre que a gente está devendo muito para este país, ao povo deste país."

Em seu escritório, a tolerância é visível já a partir da porta. "A recepcionista não se cobre na cabeça. A gente vive no Brasil, não é um país islâmico que tem que cobrir. Temos liberdade e temos que aceitar os outros como eles são." O melhor ainda estava por vir: "Dentro de minha mesquita, claro que tem que colocar o véu. A senhora não vai ficar com cabelo dentro de mesquita. Mas aqui é lugar de trabalho. Acho que não devemos ser fanáticos". Tal ausência de rigidez possivelmente está entre os fatores que levaram 10% de seus 300 colaboradores ao islamismo. Além das trinta pessoas que influenciou na Federação, ele inspirou também a esposa, brasileira. Batizada de Carla e educada como católica, ela passou a se apresentar como Aisha depois da conversão – mas "o novo nome não pegou", comenta o xeique sorrindo como quem, em uma década de Brasil, aprendeu a conviver com o insondável mistério das leis e codinomes que ora pegam, ora não.

"Aqui é uma vida corrida", suspira El Din. "Não é fácil trabalhar no São Paulo, cidade enorme, maior comunidade islâmica de América Latina. É trabalhar quase 20 horas por dia, dormir só quatro horas por noite." O xeique mora em Guarulhos e acorda a tempo da prece da alvorada, que pode ser tão cedo quanto 4h01. Leva os filhos à Escola Islâmica Brasileira (Guarulhos – Vila Carrão: 30 quilômetros); segue para dar expediente na Fambras (Vila Carrão – Jabaquara: 24 quilômetros); e só à noitinha chega em casa (Jabaquara – Guarulhos: 48 quilômetros). Mais de 100 km por dia, e isso porque não lhe cabe buscar as crianças no fim da aula. "A gente não dá nem pra respirar, mas aproveito o trânsito para leituras e escuto palestras sobre religião, para aumentar minha sabedoria." Em sua cidade natal, este xeique foi por iniciativa própria para a faculdade de Pedagogia. Queria ser professor de Química e Física. Na adolescência, foi pescador. Quando ouviu o chamado para fisgar almas? "Não há chamado, ninguém sabe que vai ser xeique", desmistifica. "Eu tive interesse desde a infância para aprender os mandamentos islâmicos. Escolhi continuar os estudos e mandei candidatura para a Arábia Saudita. Fui aceito, estudei, formei e vim." É dever de cada muçulmano divulgar o islamismo. Todo crente capaz de recitar um versículo que seja do livro sagrado tem obrigação de apresentar às pessoas o caminho para Deus. A responsabilidade do líder religioso é maior porque seu conhecimento também é – e isso faz dele um servo em tempo integral de seu grupo. "A vida de xeique não tem horário, férias. A qualquer momento alguém chama, e tenho que ir ver a necessidade, visitar se está doente, aconselhar sobre qualquer coisa. É um trabalho que entra em todos os lados da pessoa e da comunidade." São atribuições amplas, condizentes com uma fé que também abarca todos os aspectos privados e públicos da vida.

A despeito dos múltiplos papéis do xeique, no Islã não há intermediários entre criador e criatura. Um xeique não ouve pecados, não estabelece penitências, não perdoa em nome de Deus. Ele conduz as rezas porque estudou formalmente a religião e adquiriu um saber mais profundo – porém, em sua ausência, assume a liderança das orações aquele no grupo que tiver mais conhecimentos. A falta de um mediador é crítica para o muçulmano e agrava a absoluta necessidade de compreender exatamente o que Deus espera dele. Não há confissão e perdão, não há sacramento de morte, um equivalente da extrema-unção que conduza ao paraíso o muçulmano arrependido na última hora. Disso decorre o papel crucial do Alcorão no islamismo, sua força como guia espiritual e cotidiano, apesar dos dados imprecisos e versões conflitantes que abundam sobre quando e como o livro ganhou sua forma final. Não que isso seja espontaneamente mencionado em uma entrevista – é da leitura de autores islâmicos que se depreendem as contradições. Analisemos.

Um primeiro grupo afirma que o Alcorão ainda não havia sido compilado quando Muhammad morreu, e que só atingiu seu formato atual 30 anos depois. Para um segundo grupo, o livro começou a ser compilado ainda durante a vida do profeta, apesar de ter recebido a última configuração apenas no governo do segundo sucessor. Uma terceira opinião é a de que escrivães especialmente designados anotavam as revelações conforme elas ocorriam, e que a disposição não cronológica do texto prova que foi o próprio Muhammad quem organizou a reunião de tudo. Uma quarta corrente defende que 40 companheiros conservaram os registros dos escrivães e tomaram a iniciativa de reuni-los em um só volume antes da morte do profeta e com a concordância dele. Por fim, uma quinta explicação propõe que um único destacado erudito, que havia memorizado todas as revelações, foi escolhido para executar, sozinho, a tarefa da compilação.

Independentemente de como tenha sido o processo, os muçulmanos não têm dúvidas: o Alcorão é a palavra de Deus recitada pelo anjo Gabriel ao último mensageiro. Esse é o princípio que justifica o caráter sagrado do livro. O período exato em que ele atingiu sua versão final é uma minúcia técnica. Se foi mais cedo, a verdade ali descrita é incontestável: Muhammad não suprimiu nem acrescentou uma só vírgula, ele próprio o afirmou, e um crente não duvida de seu profeta. Se foi mais tarde, a verdade ali descrita é igualmente incontestável: a transmissão das revelações é baseada em uma cadeia de narradores (prudentes, honestos, confiáveis e com grande capacidade de memorização) que pode ser rastreada até um companheiro que as ouviu diretamente de Muhammad. E um crente não duvida dos companheiros do profeta. A última garantia é divina: Deus assegurou que suas últimas palavras à humanidade seriam eternamente protegidas contra toda forma de distorção. E um crente não duvida de Deus. O Alcorão é verdadeiro porque afirma que é verdadeiro.

Como em tantos aspectos da fé islâmica, também seu livro opera em dois níveis. Continente e conteúdo estão inseparavelmente fundidos e a sacralidade do Alcorão não se limita àquilo *que* foi revelado, mas inclui também o *como*: a língua, o encadeamento das frases, o efeito sensorial da leitura em voz alta, as figuras poéticas, os recursos metafóricos, o ritmo resultante da pontuação, os exemplos, as rimas, as sentenças construídas em primeira pessoa, segunda ou terceira. Enquanto uns o apontam como o mais influente texto ideológico do mundo, outros não hesitam em elogiar sua insuperável retórica espiritual. A riqueza que o idioma da revelação permite é inseparável do significado que Deus tinha para transmitir. A escolha do idioma não foi casual e é por isso que o livro sagrado do Islã só existe em árabe. Há muitas versões em línguas mundanas, mas o esforço dessas edições só é respeitado na medida em que possibilita à religião chegar a mais pessoas. Exemplo básico: Alá, a palavra árabe para Deus, não tem gênero. Deus não é do sexo masculino. Se em português se diz "o clemente, o misericordioso", isso é só uma prova a mais da impossibilidade de existir uma tradução fidedigna. O verdadeiro sentido da última mensagem do criador aos homens só pode ser apreendido em sua totalidade pelos falantes de árabe. Ponto final.

O Alcorão sagrado não é venerado como objeto em si, o que seria uma traição indesculpável à religião que surgiu para combater a idolatria. Mas não se chama sagrado à toa. Ele é tratado como a voz divina intactamente mantida e, portanto, só pode frequentar ambientes limpos, puros e consagrados. Enquanto muitos cristãos decoram seus carros com adesivos de versículos bíblicos, para os muçulmanos é impensável expor as palavras de Deus à sujeira urbana ou à lama rural. Pela mesma razão, é proibido marcar o corpo com suas mensagens e depois entrar com a tatuagem no banheiro e outros lugares física ou moralmente conspurcados. O Alcorão é o único registro divino integralmente conservado. Os muçulmanos acreditam que Cristo também recebeu revelações depois compiladas em livro, mas rejeitam a veracidade da Bíblia atual porque ela sofreu inúmeras alterações ao longo dos séculos. Se não por má-fé, ao menos por questões linguísticas: Jesus falava aramaico, foi traduzido para o grego, depois para o latim e só então para os vernáculos modernos. É preciso ter uma fé inabalável nos tradutores para aceitar que a íntegra do que disse tenha sido fielmente preservada. Independentemente disso, pessoas do mundo todo recorrem às versões nacionalizadas do Alcorão na tentativa de entender o Islã. Depois dos atentados terroristas de 11 de setembro, três edições se tornaram *best sellers* na Amazon.com.

A dois tradutores é atribuída a paternidade da versão brasileira do livro – que traz na capa a ressalva "Tradução do sentido". O xeique El Din contou que a primeira foi feita por Samir Hayek, libanês radicado em São Paulo, ainda vivo e morador do bairro de Santo Amaro, que estudou na década de 1960 com o primeiro xeique a vir para o Brasil. Porém, na cerimônia que oficializou o Dia do Islamismo no Estado, o homenageado foi Helmi Mohamed Ibrahim Nasr, de 85 anos, que recebeu a placa de honra pelos 20 que dedicou à tradução referida como "inédita". Independentemente do idioma, os exemplares são impressos unicamente no Complexo do Rei Fahd, em Medina, Arábia Saudita. No Brasil, começaram a ser distribuídos em 2005. De graça, como até hoje. A facilitadora tática de disseminação da crença foi elaborada pela Câmara de Comércio Árabe-Brasileira (CCAB), em cujo *site* era possível se cadastrar para receber um exemplar. Não mais. Consultada em 15 de agosto de 2010, a página avisava: *Comunicado Importante – informamos que, devido à grande procura, a distribuição do Nobre Alcorão está temporariamente suspensa até a chegada da próxima remessa.* O leitor que não puder esperar pelo novo lote tem a opção de fazer *download* ou encomenda do exemplar físico no *site* gratisquran.com/index.php – basta preencher um questionário e nem mesmo a postagem é cobrada. Os muçulmanos acreditam que o Alcorão seja inimitável, infalível e inalterável, adequado ao mundo inteiro e válido até o Dia do Juízo Final. Ele explica tudo que é legítimo ao homem querer saber; prevê todos os dilemas e oferece todas as soluções – um alento para quem vive sob a ameaça de um afogamento coletivo. Enquanto não decifra no texto corânico quais medidas deve tomar, Mohamed Nasheed vai aos fóruns internacionais combater politicamente o aquecimento global. O arquipélago que ele preside é o país muçulmano menos populoso (390 mil habitantes) e recordista mundial em baixa altitude: as Ilhas Maldivas, 100% sunita, está em média apenas 2,3 metros acima do nível do Oceano Índico, e sua capital, Malé, a míseros 90 centímetros. Sob sol, água ou ventos, o Alcorão é considerado verdadeiro e plenamente aplicável a pessoas de qualquer idade, gênero, religião, etnia, lugar de nascimento e época de existência. Para os fundamentalistas – ou seja, que seguem os fundamentos – essa completude facilita a vida e comprova, se uma comprovação fosse necessária, a infinita bondade de Deus. Mas, para os críticos, é exatamente isto que faz do islamismo uma religião anacrônica: sua rigidez pétrea, sua recusa em aceitar qualquer tipo de evolução dos costumes, a insistência em manter em vigência ordens de 14 séculos atrás. Flávio Azm Rassekh, arquiteto e cineasta brasileiro que trabalha com direitos humanos, lista com desenvoltura seus motivos para admirar Muhammad e o islamismo. As restrições vêm com igual rapidez. Seu discurso tem a fluência de quem há muitos anos dá palestras, publica artigos em jornal e concede entrevistas sobre o Islã e o Irã, onde nasceram seu pai (judeu) e sua mãe (muçulmana). "O profeta botou ordem no 'velho leste'. O mundo árabe do século VII não tinha polícia, juiz, Estado. As pessoas lutavam entre si e a única forma de se estabelecer era por uma ascendência de poder, não moral nem por recursos, mas por força. Agora, você carregar uma coisa de 1400 anos para hoje, quando existem advogado e sistema judiciário... Não faz sentido." Ele defende a perenidade dos fundamentos de fé ao lado de novas interpretações para as normas dos costumes.

Flávio nasceu em 1968 no Hospital Samaritano, em Higienópolis, bairro de maior concentração de judeus da cidade, é solteiro, membro do Conselho Parlamentar pela Cultura da Paz e um homem espiritualizado, que acredita que as religiões são obra do altíssimo. Não construções humanas que dão sentido ao universo (uma visão rasa), não explicações culturais que ajudam a lidar com o grande ponto de interrogação existencial (um argumento antropológico). Não. "A religião é uma criação de Deus." Há anos ele frequenta a padaria onde sugeriu que nos encontrássemos e come o mesmo sanduíche, mas isso não evita que o pão venha errado e seja devolvido. Toma de canudinho o suco natural enquanto expõe didaticamente sua convicção. "As crenças surgem em lugares e momentos diferentes para atender a situações também diferentes. Com o tempo, os princípios sociais precisam ser substituídos, mas isso não invalida a religião para seu tempo. O que Jesus, Maomé e Buda ensinaram, do ponto de vista espiritual, continua relevante." A condição feminina é sua régua de medir a adequação de uma crença a uma época. "O Islã é perfeitamente correto para a Arábia de 14 séculos atrás. Incentivou o desenvolvimento da ciência, a construção de universidades, a própria civilização. Mas você pode pegar uma mulher do século XXI e submeter àqueles princípios islâmicos?" O copo de laranja com mamão já está vazio quando chega o novo sanduíche, em pão integral. "Claro que não pode. É injusto para com ela, a família e a sociedade como um todo."

Pode-se discutir o que é um princípio islâmico, o que significa injusto e de quais mulheres se está falando, mas os que aceitam o prazo indeterminado de validade do Alcorão elencam as vantagens que ele reservou às fiéis: desde Khadija, a primeira convertida, as muçulmanas podem ter propriedades em seu nome, direito que as norte-americanas casadas só conquistaram no século XX. O Islã proibiu o infanticídio de meninas e prevê a realização sexual feminina como direito conjugal. Pausa. Se as mulheres podem ter prazer no sexo, como se explica a mutilação genital que segundo a Organização Mundial de Saúde afeta 144 milhões de meninas e mulheres todos os anos? "Cultura", traduziu o intérprete Al-Sharif a partir da resposta do xeique Alboraiy. "A doutrina islâmica não faz questão, é uma coisa que vem desde antes e tem gente que continua fazendo, mas pela religião não tem nada que realmente obrigue." A prática, surgida na África há dois milhões de anos (sim, na Idade da Pedra) sobreviveu ao tempo, venceu a distância e chegou aos consultórios britânicos e norte-americanos do século XIX. Nesses civilizados e cosmopolitas centros médicos, a extirpação do clitóris era considerada uma técnica eficaz na cura de lésbicas, histéricas e epiléticas. A circuncisão feminina era também um recurso comum no combate à ninfomania e à melancolia – no século XX. A mim, a maneira como a *ausência* de prazer sexual contribui para *diminuir* a melancolia permanece um mistério.

Ayaan Hirsi Ali, nascida na Somália e mutilada na infância, quando adulta fugiu para Amsterdã, onde se naturalizou holandesa e foi eleita deputada. Hoje ateia, é uma crítica feroz do islamismo.

INFÂNCIA

Ainda assim, quando esteve no programa Roda Viva em agosto de 2008, a autora do *best seller* mundial "Infiel" declarou, em desagravo à antiga crença: "A clitoridectomia, também conhecida como excisão ou circuncisão feminina, foi aplicada por médicos, inclusive nos EUA, até os anos 1960, pois se achava que meninas com órgãos sexuais avantajados teriam maior tendência à prostituição". Excisão, ablação, infibulação e circuncisão são modalidades de procedimento. Raramente há higiene e profissional cirúrgico: a prática habitual serve-se de lâminas (de metal ou pedra) para a extirpação e de quatro adultos segurando os membros da criança em lugar de anestesia. Os grandes e pequenos lábios podem ou não ser removidos juntamente com o clitóris, assim como algumas vezes ocorre, e outras não, o fechamento do orifício vaginal. Na noite de núpcias, é rompida a passagem mínima deixada para o escoamento de urina e menstruação. Talvez, recosturada. A saída de um bebê arrebenta a cicatriz novamente. Depois do parto é possível que haja uma terceira sutura. Utiliza-se agulha de osso.

Contra a crueza do costume e o mito que o associa ao Islã, os muçulmanos apresentam fatos. Não apenas a mutilação genital feminina já era praticada antes de seu advento como continua a ser, na África e na Ásia, sem relação com a religião predominante. Ocorre em Gana (população cristã: 68,8%); no norte do Sudão (população muçulmana: 70%) e na Etiópia (cristãos 60,8%; muçulmanos 32,8%). Ao mesmo tempo, quase nenhuma mulher é mutilada em alguns países de ampla maioria islâmica, como o Iraque (97% de muçulmanos), o Irã (98%) e a Arábia Saudita (100%). Por fim, a excisão feminina é frequente em países islâmicos como o Máli e o Djibuti, mas é mais comum nas comunidades cristãs de Uganda, onde 12,1% da população são muçulmanos.

O Alcorão, além de não fazer uma única referência a nenhuma modalidade de circuncisão feminina, instituiu em favor das mulheres benefícios como tirar do primeiro filho do sexo masculino o recebimento integral da herança e desobrigar as muçulmanas de trabalhar. O sustento delas é responsabilidade do homem mais próximo – pai, marido, filho, irmão, genro, cunhado, tio. Não existe obrigatoriedade, mas existe permissão: um terço dos trabalhadores qualificados é mulher no Egito e na Turquia (e também na Coreia do Sul, a propósito). Nos Emirados Árabes Unidos e no Irã, elas são maioria entre os estudantes universitários e já estiveram no parlamento ou no comando do governo na Turquia, Indonésia, no Paquistão e em Bangladesh. Na Malásia, na Mauritânia e no Líbano, 90% da população acha que as mulheres devem poder exercer qualquer profissão fora de casa. "Qualquer" *não* inclui prostituição – mas, de toda maneira, este não é mesmo um trabalho moralmente aceito ou juridicamente regulamentado na maioria dos países.

A legislação do aleitamento, que determina que a criança mame no peito até completar *dois anos* de idade, não costuma ser arrolada entre os privilégios criados para as mulheres. A amamentação prolongada visa ao bem-estar da criança, com quem o Islã se preocupa desde o momento da concepção. Muçulmanas grávidas devem manter-se saudáveis e seguir uma dieta apropriada, a mesma instrução dada por ginecologistas do mundo todo para gestantes de qualquer crença. A diferença é que no islamismo o cuidado com o bebê ultrapassa o instinto maternal e as recomendações médicas para configurar uma prescrição religiosa. Quando um casal se separa, as crianças ficam, preferencialmente, com o pai – essa, uma recomendação longe da universalidade.

"Se a mãe se casa de novo", explica El Din, "então o filho vai [embora], para não ser educado pelo padrasto". Se ela permanecer sozinha, pode conservar a guarda dos meninos até os dez anos. Depois disso, "eles têm que aprender algumas coisas com seu pai. Como trabalhar, que é um lado que o pai vai dar mais informações". As meninas podem ficam com as mães até os 12. O sistema judiciário brasileiro concede às mães a guarda dos filhos menores de idade em 89% dos casos. "Até os 18 anos, aqui no Brasil?!", pergunta o xeique, incrédulo. Sim. "Bom, então não tem problema. Pode ficar. Essa é a lei islâmica. Mas se aqui deixam até 18, a gente respeita." Apesar de viver no país há uma década, a novidade da informação provoca em El Din um espanto que custa passar. Por algum tempo, ele segue murmurando fragmentos complementares de resposta. "Porque o pai é que dirige a família... Qualquer empresa ou carro tem um condutor... Para nós, o diretor da casa é o homem. A responsabilidade é dividida, mas quem dirige... É como um capitão... Se ela casa, as crianças têm que ficar, porque quem vai dirigir não o pai..."

Um casal muçulmano é proibido de manter relações sexuais enquanto a mulher estiver menstruada. Se mesmo nos períodos permitidos o par não conseguir gerar a própria descendência e resolver adotar, a religião tem diretrizes a respeito disso também. A guarda jurídica é permitida e a criança pode receber uma parte da herança como doação, mas ela não é considerada um descendente legal dos pais adotivos e é proibido dar-lhe um novo sobrenome. Assim, evita-se que o filho seja levado a crer que pertence a uma família que na realidade não é a sua, e acabe desvinculado de sua verdadeira história. Não há posição oficial para os casos em que tais raízes já estejam irremediavelmente perdidas. O Direito islâmico para a infância ordena tratamento amoroso, que sejam ensinadas boas maneiras e atribuído um nome adequado. O prefixo "Abd", que quer dizer "servo", só pode ser associado ao criador e seus atributos. Abdala, originalmente *Abd Allah*, significa literalmente servo de Deus. São vetados nomes idólatras, inspirados em celebridades.

A disputa em torno do nome do filho foi apenas uma das várias entre Saddam Chassan Chaffouni e a moça que ele engravidou. Ele venceu todas e até hoje não incorporou seu novo estado civil: perguntado, respondeu "solteiro". Mesmo dispensando a formalidade em cartório, apresentou suas condições matrimoniais sem inibição: "Eu falei pra ela, ou vai funcionar do meu jeito, ou, infelizmente, a gente se separa". O funcionamento segundo Saddam é simples. "Ela queria casamento cristão, eu falei que não e casei na mesquita. É permitido casar nos dois, mas eu não acho legal. Ela queria batizar meu filho, eu falei que não. No nome ela bateu um pouco o pé, mas não decidiu nada. Eu que determinei." Saddam apresenta uma explicação equivocada para justificar sua relutância em incorporar o sobrenome da mãe ao do filho. "Quando a menina casa, ela carrega o nome de quem? Do marido. Por isso que árabe gosta de ter filho homem, para carregar o nome da família de geração em geração." Ele teve um menino, que há de passar adiante seu nome, independentemente de ter também o sobrenome materno – além do mais, ainda que fosse uma menina, a tradição se manteria, pois, no Islã, a mulher *não* adota o sobrenome do marido quando se casa. Por fim, pelo código civil brasileiro, a mudança é opcional. Mas nem só com intransigências se manifesta este vendedor de móveis de cozinha: "Concordei de ele pegar o sobrenome da mãe também. Não ia, era para ser só Jihad Saddam Chaffouni. Mas coloquei". Jihad fez um ano em agosto e vai ser educado totalmente dentro do islamismo – um adendo previsível.

Saddam tem orgulho de sua origem árabe, da história familiar, de ter pai e mãe muçulmanos e da educação tradicional que recebeu em casa, apesar de atribuir ao excesso de rigidez na infância o arroubo da adolescência que o conduziu à paternidade aos 18 anos, em desrespeito ao mandamento islâmico de manter-se virgem até as núpcias. "É que prender demais uma pessoa, quando solta, ela fica desgovernada." O descontrole do rapaz arruinou os planos que seu pai tinha para ele. No Líbano, duas primas esperavam o momento propício para se casarem com Saddam e seu irmão do meio, Riad. Quando descobriu o namoro do filho com uma brasileira cristã, o pai "ficou louco, louco". Ao saber que seria avô, engoliu a raiva com hombridade. "Infelizmente, você vai ter que casar. Engravidou, agora casa", determinou. O casal, que nunca morou junto, vive às turras mesmo à distância. "Porque minha criação não é machista, mas é uma criação que o homem toma a frente, entendeu?" Hum... Não. Poderia me explicar melhor? "Decote, roupa curta, aprendi com meu pai a não aceitar. Mulher tem que ser extravagante só para o marido, dentro do quarto. Então, às vezes, a gente discute. Ela me chama de mente fechada, mas a criação dela é que foi muito liberal." Ao fazer sexo com a moça, possivelmente Saddam não se debruçou sobre o tipo de educação dela.

O futuro a Deus pertence, e o rapaz não se arrisca a prever se algum dia chegará a morar com a mãe de seu filho. Avalia que não a conhece o bastante para saber se o convívio funcionaria. Parece um argumento frágil a quem escapou por pouco de um casamento arranjado com uma prima que nunca viu – mas aí seria diferente. "Ela não é da minha religião, isso dificulta muito dar certo. Ela gosta de usar decote, é uma coisa que eu não admito. Ela quer usar *short*, é outra coisa que eu não admito." O véu, ela estaria dispensada de usar, porque Saddam gosta "de deixar a pessoa à vontade para fazer como bem entende". Ele não está sendo irônico, e, se soa cínico, é sem querer nem perceber. "Eu acredito que, se ela tem algo a mostrar, deve ser para o marido dela, não para que os outros desejem. Se você já é casada, não precisa mais chamar a atenção." E se ainda não for? "Também não."

Enquanto não coabitam, a chance de separação é pequena, o que poupa todos do dissabor e o xeique de mais compromissos. El Din, que havia realizado um divórcio no dia anterior, detalha as principais etapas do processo espiando o relógio sem parar. "A autoridade religiosa tem medidas a tomar, como foi mandado no Alcorão Sagrado. Primeiro, muita conversa, conselho para eles continuarem. A família acima de tudo. Vamos ser fortes, avançar, superar o problema! Não deu certo, o xeique manda para um conselho de família. Os parentes tentam que o casal fique unido. Não deu certo, volta para o xeique, que faz outra tentativa. Só daí separa." O xeique é de um realismo pragmático. Manter o casamento é melhor, a separação é um baque para a família e as crianças sofrem, mas a permissão para o divórcio foi concedida por Deus e ainda bem que é assim. "Não adianta pensar que vai casar para sempre. Ninguém casa para sempre. Somos humanos, com erros. Na hora que não dá mais certo entre marido e esposa, se a vida não dá para continuar, então tem que ir para a autoridade religiosa e resolver." As autoridades religiosas do Islã no Brasil inteiro são apenas 40. Se houvesse mais xeiques para dividir o trabalho, seria possível a cada um dedicar mais tempo à difusão do islamismo, ao atendimento à comunidade, ao relacionamento com a imprensa e às entrevistas a estudantes. Ora, por que não vêm mais xeiques para cá, então? "Não vem, tem problemas, uma questão que precisa de estudo, leva dois a três dias para conversar sobre isso. Tem muito problema", encerra El Din às 15h10, vestindo uma gravata com o nó já feito. A delegação da Síria havia chegado.

Na verdade, o que o xeique egípcio Khaled Taky El Din disse foi "broblema", pois no árabe, seu idioma nativo, não existe a letra "P". Flávio Rassekh ensina que, quando os árabes chegaram ao Irã, chamaram o idioma local de farsi. O correto é parsi, que deriva de Pérsia, antigo nome do país, mas os invasores não conseguiam pronunciar e consolidaram o nome farsi. Apesar de usar o alfabeto árabe, o Irã continua falando a própria língua. Também não se fala árabe em diversos outros países muçulmanos, como a Indonésia, o Azerbaijão, o Senegal e a Turquia – fato que poucos no Brasil conhecem e que causou grande decepção a Mustafá Goktepe, responsável pela Casa de Cultura Turca. "Quando cheguei, em 2004, me falaram de muitos conterrâneos e me levaram para Pari e Brás, mas eu não entendia nada, porque essas pessoas falam árabe!", diverte--se o ex-professor de Islã de Tatiana Andrade. Ele conhece História e releva com um meneio a imprecisão paulistana que apelida de turco praticamente todo homem que pronuncie "babai".

Os primeiros imigrantes muçulmanos a se instalarem no país vieram do Líbano, da Síria e do Iraque, territórios que fizeram parte da Turquia Histórica, quando ela ainda era o Império Otomano (de 1281 a 1924). Mesmo tantos anos depois da redefinição geopolítica, a alcunha permaneceu. "Ficou dessa forma, qualquer um que vem daquela região, especialmente do Líbano, que é maioria aqui, ficam como turcos. Porque vieram muitos, três ou quatro milhões, alguns dizem sete ou oito milhões, alguns dizem até dez ou doze, com descendentes. Não sei quantos. Mas são árabes." Os turcos não são. São otomanos, e a comunidade no Brasil é uma minúscula fração dos incorretamente identificados: apenas 200 indivíduos no país todo, informa a embaixada com base em dados de 2009. Mustafá acredita que mal passem de 130, dos quais 50 ou 60 em São Paulo, principalmente jovens estudantes e homens em viagem de negócios. A confusão étnica e a discrepância numérica não se refletem na qualidade estética nem no estado de conservação dos logradouros da capital que homenageiam os dois grupos de imigrantes. Enquanto a Praça dos Libaneses cheira a urina, tem grama alta e uma pichação azul clara na pedra negra que informa que o local foi inaugurado setembro de 1997, pelo então presidente do Líbano Elias Harawe, a Rua Turquia fica em um bairro nobre e abriga imóveis cujas fachadas demoram 45 passos a acabar, tem muitas, enormes e variadas árvores, onde a vizinhança amarrou xaxins com orquídeas e pássaros canoros fazem ninhos.

A calvície de Mustafá lhe acrescenta muitos anos aos 33 que iria completar em sete de dezembro. Apesar de confundir regência, preposição e gêneros, é sem dúvida o mais fluente em português entre os entrevistados estrangeiros. Fala muito depressa, emendando o elogio à pergunta ao agradecimento pela oportunidade de esclarecer aquele ponto tão importante e tantas vezes incompreendido, apesar de o Islã ser uma religião totalmente lógica – tudo isso antes de dar a resposta que, uma vez transcrita, ocupa com frequência até 18 linhas, sem tomada de fôlego perceptível na gravação. Mustafá é casado com uma turca, muçulmana sunita como ele, e ainda não tem filhos. Foi um anfitrião generoso, que ofereceu bolachinhas importadas e um delicioso chá típico – em uma entidade de raízes otomanas, não haveriam de me servir café *arábico*.

∽

O dia chega à metade na Escola Islâmica Brasileira. É recreio e há uma fila ruidosa, desorganizada e alegre no balcão da cantina. O intervalo é dividido por faixa etária, os pequenos chegam antes. Esticam-se na ponta dos pés para pedir ao proprietário um salgado (sem carne de porco, proibida no islamismo), chicletes Frutsy Dori, sucos Del Valle ou bolachas Adria sabor goiaba. Pagam à esposa dele, que trabalha no caixa e não usa lenço. Pouco depois do sinal, uma professora volta e entrega a ela um punhado de moedas: é o *zakat*, a caridade obrigatória que é o terceiro pilar do Islã.

O pátio está quase vazio, mas três menininhas retardam ao máximo a volta à sala. Carregam sacos pretos maiores que elas mesmas e passam recolhendo o lixo das mesas e do chão. Param ao meu lado e pedem – disputam – minha lata de suco. Explicam que a "produção" de cada uma será pesada e que a vencedora receberá um prêmio. "Aqui tem xeique para rezar e dar bala." Seus véus são estampados com personagens infantis, mas não Bob Pai e Bob Filho, Vovó Dulcina e Precioso, Dinamite, o Bionicão nem Mutley "medalha, medalha, medalha". Entre os 370 alunos muçulmanos da escola, o mais provável é que nenhum tenha um cachorrinho de estimação, já que para o Islã os cães são imundos e só servem para guarda e caça. Deposito minha lata no saco de lixo mais vazio dos três – nem Vira-Lata ("Todo problema acabou, o Vira-Lata chegou!") salvaria o dia da pequena.

Adolescência
Ou de como conciliar expansão e unidade, autonomia e submissão, hormônios e fé

A menarca e os primeiros pelos no rosto assinalam aos jovens muçulmanos que é chegada a hora de assumir o comando de sua vida religiosa. É a fase em que o aprendizado e a vontade se encontram e levam à proclamação de que só existe um Deus e Muhammad é seu último profeta, ocasião solene e festiva testemunhada pelo círculo familiar próximo e o xeique que os acompanha. Este pronunciamento tem para o islamismo o mesmo sentido da crisma para os cristãos: é a confirmação autônoma e voluntária da fé. Em todos os casos, submeter-se deliberadamente à vontade divina significa continuar sendo o muçulmano que Deus criou – é por isso que seguidores de outras religiões, quando abraçam o Islã, são chamados de "revertidos": eles retornaram ao estado puro, voltaram a ser tal como foram criados. Em alguns casos, essa submissão também pode significar um rompimento com a família. Como explica El Din: "Depende dos pais, mas alguns desviam o caminho da criança, levam para adorar imagens, estátuas". Ou seja, empurram a prole de volta ao estado de ignorância que vigorava em Meca antes das revelações de Muhammad. "Mas quando ele fica adolescente e sabe as coisas, tem que ir procurar a verdade." Até a puberdade, o paraíso está garantido pela inocência. No entanto, a partir da menstruação e da barba, o indivíduo está sujeito ao escrutínio divino e responde totalmente por seus atos. "Ele vai ser julgado no Dia do Juízo Final. Não pode dizer que foi atrás do caminho do pai. Tem que buscar a crença certa. Os meios dão a informação. Escutar dizer que o Islã não presta, que são terroristas e ficar amarrado? Não. Tem que procurar o porquê, está nas mãos de todo mundo ver na internet, jornais, televisões."

O xeique faz sua parte e procura abordar os jovens no ambiente deles: a internet. "Tenho Twitter, Facebook e dois *sites*, tudo para divulgar a mensagem de Deus e facilitar para as pessoas." El Din também esteve na Bienal do Livro de São Paulo, distribuindo gratuitamente obras doutrinárias (um exemplar por pessoa – dois, a quem declarasse ter *muito* interesse no Islã) e marcadores de página onde se lê, de um lado, "Eu conheço a Bíblia. Você conhece o Alcorão?" e, do outro, "Eu conheço Jesus. Você conhece Mohamad?" Apesar de espremido entre dois expositores grandes, o estande chamava a atenção pela fachada dourada imitando mesquita. À porta, rapazes convidavam a entrar e conhecer; dentro, senhoras de *hijab* colorido e manto longo apresentavam os títulos disponíveis e sugeriam ao público deixar um endereço de *e-mail* para receber informativos. O saldo de 50 mil livros distribuídos a 48 mil visitantes permite estimar mil pessoas com *muito* interesse, supostamente não os próprios alunos da Escola Islâmica Brasileira que por lá passaram na quinta-feira dia 19.

A adolescência marca também o início do jejum ritual que deve ser observado para os física e mentalmente saudáveis de ambos os sexos, uma vez ao ano, conforme indicado nos versículos 183 e 184 do segundo capítulo do Alcorão. "Ó, vós que credes! É-vos prescrito o jejum, como foi prescrito aos que foram antes de vós, para serdes piedosos durante dias contados. E quem de vós estiver enfermo ou em viagem, que jejue o mesmo número de outros dias. E impende [compete] aos que podem fazê-lo, mas com muita dificuldade, um resgate: alimentar o necessitado. E quem mais o faz, voluntariamente, visando ao bem, ser-lhe-á melhor. E jejuardes vos é melhor. Se soubésseis!" Uma intrigante nota de rodapé é referida a partir do algarismo sobrescrito em "jejuardes": "Referência ao benefício do jejum. A medicina moderna aquiesce plenamente isto, pois descobriu, entre outros benefícios, que o jejum cura o diabetes, o artritismo, age contra males cardíacos e digestivos, além de promover salutar desintoxicação orgânica e prevenção de várias outras enfermidades". Fora da literatura islâmica, não foi possível encontrar endosso à opinião de que o jejum cura as doenças citadas.

Seja pela ausência de avós diabéticos, pais artríticos e tios cardiopatas, seja por viverem sua fé de maneira menos ortodoxa, algumas famílias não adotam a abstinência de alimentos e bebidas que vigora do nascer ao pôr-do-sol durante o ramadã – que é o nome da prática e do mês em que ela ocorre. "O jejum a gente lá em casa não faz, nem minha mãe, imagina, ela cozinhando para todo mundo e fazendo jejum! Mas ela tenta, minha irmã também", conta Faten Kamel Soueid, arquiteta xiita de origem libanesa. "Eu não tento. Quebraria meu dia, não poderia ir para a academia de manhã porque nem água pode. Eu perderia o equilíbrio da minha rotina, então não dá." Alguns muçulmanos, embora desconsiderando outras regras, levam a sério este preceito. Saddam Chaffouni, por exemplo, jejua desde os onze anos. "É uma coisa diferente, você se foca em Deus, não olha para ninguém. Tanto que, se olhar e pensar besteira, quebra. Pode até beber água ou comer, porque não vale mais. Se eu olhar para você e te desejar, já era." Após oito anos de prática, ele suporta fome e sede com facilidade: "Os três primeiros dias são os mais difíceis, mas depois sua mente se acostuma, seu corpo também. Eu nem emagreço, é incrível. E quando quebra o jejum a pessoa come pouco, não é como todo dia. Você não fica fraco nem nada. Só no começo, mesmo, dá uma moleza. Depois não". O jejum ocorre sempre no mesmo mês; porém, como o calendário muçulmano conta o tempo pela Lua, a data é móvel, podendo cair nos dias mais longos e sufocantes do verão ou no inverno de dias curtos e inclementes. Independentemente da época, ao longo do nono mês toma-se o café da manhã antes do alvorecer e quebra-se a privação, assim que o sol desaparece no horizonte, com uma tâmara e um copo de água. Pouco depois, tendo o organismo absorvido o líquido e a frutose, fazem uma refeição leve. O jejum, quarto pilar do Islã (depois da proclamação, das cinco orações diárias e da caridade), foi instituído no segundo ano da Hégira com dois objetivos, um pessoal e um social, como tudo que a religião determina. No plano individual, sujeitar o corpo à mente é uma forma de elevação; no âmbito coletivo, o sofrimento gera solidariedade para com aqueles que passam fome involuntariamente. Quem está proibido de jejuar – idosos, gestantes, lactantes, mulheres menstruadas e pessoas enfermas – pode escolher entre fazer a compensação no fim do período ou substituir a abstinência pela alimentação dos pobres, à razão de um indivíduo para cada dia não jejuado. O recolhimento moral também importa, como exemplificam estes *hadices* de Muhammad: "O muçulmano que não deixar de dizer mentiras e não abandonar todas as formas de maldade no ramadã, não lhe adiantará jejuar, pois a Deus não interessa que o muçulmano deixe apenas de comer e beber" e "Quando um de vós se levanta de manhã em estado de jejum, não deve usar linguagens obscenas nem praticar qualquer ato de ignorância. Se alguém vos caluniar ou quiser discutir convosco, deveis dizer: 'Estou jejuando, estou jejuando' ". Por fim, a contenção dos vícios e dos ímpetos carnais: do nascer ao pôr-do-sol, é proibido fumar e ter relações sexuais durante este mês.

Alguns pais acreditam que a chegada à adolescência já tem marcos suficientes – religiosos, hormonais, psíquicos. Apresentar o jejum aos filhos nesta fase poderia representar uma carga extra de novidade a uma etapa já cheia de mudanças. Entre os casais que não esperam pela puberdade para acostumar as crianças à abstenção estão os pais de Yasmin e Aziza. As mães das meninas são irmãs entre si e os pais são irmãos também, o que as leva a se apresentarem como "primas-irmãs". Elas têm 14 anos e começaram a jejuar ainda na infância: "Fazemos desde pequenas". "A gente começou treinando até o meio-dia, daí almoçava." "Depois de crescer a gente começou a fazer o dia inteiro." E o que sentem? "Fome!", respondem juntas. Possivelmente, também esta conversa vai deixá-las com o apetite insatisfeito, uma vez que aproveitaram o recreio para se oferecerem como entrevistadas. Os laços de sangue e o intenso convívio diário, dentro e fora da Escola Islâmica Brasileira, tornam seu discurso tão homogêneo que parecem pensar com uma cabeça única e só por comodidade usarem duas bocas para se expressar. Ecoam-se mutuamente todo o tempo. Bate o sinal. Não se importam nem aparentam pressa. "A gente sente o que o pobre sente." "Isso. Esse é o objetivo." "E a gente ajuda os pobres com comida, roupa e dinheiro." "Isso. E ajuda nossos parentes pobres também." "É. E dá comida e roupa para a empregada." São duas casas, cada qual com sua doméstica não muçulmana. "Eu queria que a minha fosse." "Eu também. Seria melhor para elas." "É."

O inevitável mau hálito decorrente do jejum prolongado não escapou à religião que tudo prevê e a seu profeta, que anunciou, em um *hadice*: "Deus, o Majestoso, o Exaltado, disse: 'Cada ato do filho de Adão é em seu próprio favor, exceto o jejum. Este é por Minha causa e Eu o recompensarei'. O hálito do que jejua é mais agradável para Deus do que a fragrância do almíscar".

Ao contrário de Yasmin e Aziza, que pediram para participar e não reprimiram o muxoxo ao saber que não estrelariam um programa de TV, os adolescentes indicados pela diretora não tinham particular desejo de aparecer. Vieram ao laboratório de ciências circunspectos e graves, cientes de estarem representando o ensino médio da escola diante do gravador. Rapidamente fica claro o motivo da escolha: não é porque ela foi a primeira colocada no simulado, com 70 pontos, ou porque ele, o primeiro rapaz da lista, teve 62 acertos. No auge da adolescência, fase que desde os sumérios é famosa pela rebeldia, a singeleza de Iman e Shuaib é tão incomum quanto encantadora. Shuaib Houssam é magro, filho e sobrinho de xeique, tem um nariz decididamente masculino e usa o vocabulário da idade com o tom de um homem feito. Pousa as mãos entrelaçadas sobre a mesa e conta que os pais são nascidos no Líbano, a mãe se naturalizou brasileira, o pai está adiantado no mesmo processo e o irmão completava 14 anos naquele dia. Como são as festas de um jovem muçulmano? "Normal. Em geral não convidamos muita gente, só familiares. Mas, se quiser, pode convidar amigos também, é uma festa normal, no salão do prédio. Música não tem, mas tem salgados árabes, quibe, coxinha." Que sorte a festa não coincidir com o ramadã – ele próprio jejua? "Jejuo desde pequeno, mas antes não era certinho. Desde que passei a fazer certinho, faz oito anos."

Em aniversário de muçulmano *teen*, bebe-se água ou refrigerante; álcool, nem na adolescência nem depois, porque "a proibição está no Livro, então a gente não questiona".

Ter 15 anos e não questionar deve ser duro. "Para mim não é. Era difícil quando eu era 'mais pequeno', com cinco, dez anos." Não é uma provocação às avessas. Shuaib não está fazendo uma bravata invertida, exibindo candura com aquele ar de desafio que os jovens mais comuns usam para afirmar sua individualidade. É genuinamente um menino brando e firme, que confia na família, nas instituições e na religião, que traça seu caminho entre limites dados e encontra conforto na aprovação do mundo ao qual pertence. Depois de anos na EIB, cursou o último ano do ensino fundamental no improvável Colégio Nossa Senhora de Lourdes. Está grato por ter voltado, mas continua sem saber o motivo da mudança. "Meu pai perguntou se eu queria mudar e respondi que não, mas ele e minha mãe conversaram e decidiram que sim." Há um caráter existencialista na maneira como Shuaib vivencia as experiências a que é submetido. Na lanchonete do colégio católico, evitava os sanduíches com *bacon*; nas festas, não bebia álcool – respeitava o Islã sem deixar de participar das atividades. Tinha tanta disponibilidade para explicar sua origem que a professora de História lhe abriu espaço. Existe contentamento, mas não exibicionismo, no relato sobre as aulas de Oriente Médio que ministrou aos colegas do nono ano. E existe constatação, mas não orgulho, no relato sobre os desentendimentos. "Por causa do meu nome, muita gente vinha perguntar. Eu era o único árabe lá, é normal. A maioria, 80%, era por curiosidade. Mas 20% eram mais agressivos, não queriam saber nada, só zoar." Então terminava o bom-mocismo. "Comigo, eu, como pessoa, pode me zoar à vontade. Eu", aponta o peito com o polegar, sem descruzar os dedos. "Só que começar a insultar a família, a cultura, não tenho paciência. Às vezes eu perdia a linha e saía agressão."

A intolerância às brincadeiras envolvendo o Islã une Shuaib e Saddam, que também enfrentou alguma dificuldade religiosa durante a vida escolar. "Estudei em escola pública, zoavam desde a segunda série, me chamavam de Saddam Hussein. Nunca fiquei mal por causa disso, nunca briguei nem chorei. Eu ria junto." No pátio, a popularidade de Saddam espelhava a fama de seu homônimo. "Até me ajudou, é um nome forte, o pessoal gravava fácil. Eu não conhecia quase ninguém e todo mundo sabia quem eu era. Só nunca aceitei que falassem da minha religião. Antes de começarem eu já falava, não brinca com a minha religião que eu não brinco com a sua, você me respeita que eu te respeito", descreve, fechando a mão.

O laboratório de ciências vai se tornando um cenário mais adequado à entrevista de Shuaib, com quem a mãe só conversava em árabe e que se alfabetizou primeiro na língua estrangeira. "Português eu aprendi sozinho, só aqui na escola que fui estudar, mesmo" – o que explica o "mais pequeno" dito pouco antes. Mas é o que diz agora que o leva a espalmar as mãos, renovar o fôlego, aprumar-se na banqueta alta e declarar: "Vou ser cirurgião cardiólogo, se Deus quiser. E sem precisar fazer cursinho".

Inshallah ele possa formar-se cirurgião. Foram os árabes que descobriram o funcionamento do sistema circulatório, entre outros achados e invenções que legaram à humanidade – incluindo a expressão de torcida, no Brasil pronunciada "oxalá". Muito luminoso de drogaria se deve a eles. Como em árabe as palavras "cobra" e "vida" usam as mesmas letras e têm a mesma pronúncia, quando criaram a Farmácia (a ciência, não o ponto de venda), os médicos árabes adotaram o réptil como símbolo. Também foram os ancestrais de Shuaib que conceberam o hospital onde, mil anos antes do Ocidente, removia-se cirurgicamente a catarata. A limpeza necessária às orações estimulou a higiene sanitária em todo o mundo muçulmano – que no século IX incluía Córdoba, dotada de água corrente e banhos públicos (para não mencionar a Grande Mesquita, construída em 786, mais de 300 anos antes da Catedral de Notre Dame, em Paris). Reconheça-se a amplitude dos melhoramentos: a cidade espanhola tinha também ruas asfaltadas e iluminação noturna nas vias públicas. Aos árabes também são creditados o papel, o relógio, o telescópio, o pêndulo, a universidade, a Sociologia, a Filosofia da História e aquele que se tornou o símbolo máximo de sua influência no Ocidente: os numerais que substituíram os algarismos romanos. Do mundo muçulmano persa vem o ancestral do objeto que você agora tem em mãos: os iranianos inventaram a encadernação.

Flávio Rassekh acrescentou à lista o violão, defendendo que nunca foi incorporado à estrutura formal da orquestra por derivar do alaúde, também um instrumento de braço e cordas cuja caixa de ressonância tem forma de gota. Originalmente era chamado de alude. "O violão só não é considerado nobre porque é árabe, e a Europa se nega a assumir essa influência", opina. A falta de reconhecimento não diminui a dívida. Enquanto era Idade Média no Velho Continente, a civilização árabe-muçulmana florescia com descobertas científicas e pesquisas filosóficas, ressuscitando, traduzindo e reintroduzindo a produção dos antigos sábios gregos e romanos. Durante a idade de ouro do islamismo (de 750 a 945 ou até 1250, conforme o historiador), a demanda por conhecimento colocou para trabalhar, lado a lado, cristãos e muçulmanos – em pleno Iraque, coração do império. O contraste com a época atual conta-se em poucas palavras: "No decorrer dos últimos mil anos, todo o mundo árabe só traduziu o mesmo número de livros que a Espanha traduz por ano", afirma, em "Minha briga com o Islã", a ugandense Irshad Manji, autora muçulmana e homossexual radicada no Canadá.

Iman Orra, colega de Shuaib na EIB, não tem a pretensão de trazer de volta o diálogo multicultural ou a paz inter-religiosa. Mas acredita que poderia dar sua parcela de contribuição para iluminar as trevas de ignorância em que tantos se encontram. Desde que lhe deem a oportunidade, claro. "Quero ser jornalista, trabalhar na TV como repórter. Eu estaria numa posição de ajudar a mudar o que mostram de uma muçulmana, sabe?" Mas conseguir um emprego será difícil, prevê, por causa do lenço. "Na televisão, eles acham que o véu vai o quê? Sujar, poluir a imagem. Não vejo como barreira, mas os outros veem. Só conhecem o terrorista", suspira. Ela usa o *hijab* desde os 11 anos, quase doze. "Foi uma opção minha, sabe? Depois que eu menstruei, mas não logo depois. Minha mãe falou para eu vestir só quando estivesse preparada, quando quisesses, porque não pode colocar forçado nem usar por obrigação." Apesar de namorar a ideia havia três meses, na hora teve dúvidas. "Você pensa, nossa, não vou mais arrumar o cabelo, essas coisas. Mas eu gosto, desde pequena falei que eu ia usar. Aí eu pensei e vi que já estava na hora." Quando ela diz que pensou, o interlocutor acredita. Iman não acha. Iman *pensa*. É uma moça suave, que fala com segurança e olha nos olhos. Talvez esteja acima do peso quero-ser--uma-manequim-anoréxica, talvez exiba uma dentição ainda infantil – mas transmite a segurança de quem está à vontade com quem é. "Eu estava na frente do espelho. A gente ia sair. Aí, disse para minha mãe: 'Vou colocar o lenço'. Ela perguntou se eu tinha certeza, eu pensei um pouco e falei: 'É agora'. Vesti uma roupa comprida até as mangas e coloquei. Minha mãe ficou muito feliz. Para o meu pai eu cheguei já de lenço, ele me olhou e eu: 'É, coloquei'. Ele deu o maior sorrisão." A ternura da lembrança traz ao próprio rosto, também, um sorriso largo.

Socialmente, a reação ao véu nem sempre é de acolhida. Quando vai ao parque de diversões com as amigas, "tem muita gente nova que zoa, chama de Osama bin Laden, fala que sou terrorista. Mas não é por maldade, sabe? É falta de informação, porque só existe o que a mídia passa, bomba que explodiu... Eles falam o que veem, ligam uma coisa à outra sem pensar". Iman não reage às provocações, intui que indivíduos pertencentes a minorias exercem um papel simbólico e representativo do grupo todo, mesmo sem querer. "Eu não reajo, finjo que nem ouvi. Prefiro assim, porque olha a imagem, né? Mas, se vêm me perguntar de religião, eu gosto." No parque de diversões ou durante passeios com a mãe e a irmã mais nova, as dúvidas dos adultos são sérias, ainda que mal formuladas. "Eles perguntam por que eu uso esse pano. Eles falam assim, pano!", diverte-se. "Querem saber se somos 'das Arábia', se falamos português." Do *shopping* Center Norte ou do Anália Franco, volta com sacolas de vestidos, que usa como batas, com blusas de manga longa e calça comprida por baixo. "Fora o uniforme daqui, cubro até o pulso e até o calcanhar. Mas uso sandália aberta." Pai e mãe brasileiros, quatro avós libaneses, alfabetizada antes em árabe, a moça que jejua desde os onze anos e gosta de jogar boliche se desvia como uma bola mal lançada do assunto de sua notável colocação no simulado, mas também observou que, entre os meninos, o de melhor desempenho foi Shuaib, na quarta posição. "Eu reparei. As mulheres arrasam", comenta, sorrindo, a futura repórter cujo nome quer dizer "fé".

Samira Zenni, terceira de cinco irmãos, não costumava ir a parques de diversão nem quando era adolescente. Aluna modelo, tímida, dispensava as festinhas sem dor nem sofrimento e escolhia muito bem quais causas mereciam o desgaste de um embate familiar. Estudar Jornalismo foi uma das poucas lutas que encampou, vencendo a resistência da mãe com a ajuda de um irmão já formado na área. Para deixar os cabelos à mostra, não foi preciso brigar. Samira trabalha há oito anos em uma grande rede de TV, tinge o cabelo, solta imprecações ao receber más notícias e tem olheiras profundas – ela acorda às 4h40 e encerra o expediente pouco depois do almoço. Conforme avançamos pelos jardins da emissora a caminho da lanchonete, uma miniatura do Alcorão se choca em seu colarzinho com outro pingente, azul, contra olho gordo. Eu já havia percorrido uma longa distância do carro até a portaria e de lá até o andar onde ela fica. Transpirando pelo esforço e excesso de agasalhos, ainda andando começo a tirar o casaco, a malha de flanela e o cachecol de lã, por fim alcançando o caixa para pedir um café só de camiseta. A urgência do *striptease* em movimento a leva a perguntar se estou nervosa. "Não. E você?" Ela também está calma, responde. Samira tem 40 anos e é uma pessoa intensa, de postura alerta, que pisca pouco e balança as pernas enquanto explica por que, ao não usar o véu, na verdade está cumprindo o que manda o Islã.

Historicamente, a função do véu era proteger as mulheres da areia trazida pelo vento, lembremo-nos de que o Islã foi revelado na desértica Arábia. Economicamente, era um símbolo de *status*: a mulher que ao mesmo tempo merecesse o cuidado e tivesse os recursos para providenciá-lo podia ser humilíssima – mas nunca uma escrava, a quem a peça, aliás, era vetada. Socialmente, desestimulava as investidas masculinas, ao deixar todas as mulheres indistintas pela uniformidade visual (incluindo as mães, filhas e irmãs dos potenciais agressores). Doutrinariamente, usar o véu consolidou-se como norma pelo versículo 31 do 24º capítulo do Alcorão, misturando um pouco de tudo. A hostilidade, que antes era do clima, foi expandida: o lenço virou um escudo protetor mais amplo. O *status*, originalmente financeiro, se tornou religioso: cobrir a cabeça diferenciava as crentes das infiéis. A moralidade do apetite sexual mudou de direção: o que era selvageria masculina passou a ser indecência feminina. Afinal, eram *elas* que tinham o instrumento inibidor de libido; a eles não foi prescrito nada. Os homens estavam, portanto, desobrigados de refrear o que as mulheres não tinham o recato de disfarçar.

Mil e quatrocentos anos depois, a discrição recomendada às mulheres permanece a mesma. Mas o tema dos cabelos ganhou contornos bem diferentes. "A mulher, dentro da religião, é o pecado", explica Samira. "Ela seduz, faz com que o homem peque. Precisa usar o véu para se preservar e não chamar a atenção. Só que aqui, com o véu, eu chamaria muito mais!" Em cumprimento ao decoro, e seguindo a essência da obrigação, ela conclui: "Vou passar mais batido se estiver assim". Naquele dia, "assim" era tênis, jeans claros, uma camiseta branca de San Andres Island e rabo de cavalo. "Mas, dentro da religião, eu deveria. Os xeiques que conheço criticam, me orientam a usar." Ao se apegarem à letra, os xeiques que Samira conhece talvez estejam deixando de valorizar a profunda obediência dela ao cerne da orientação. A rotina de uma muçulmana em São Paulo exige outras acomodações, especialmente quando se é a única funcionária islâmica no enorme escritório regional da empresa. "Tenho que conciliar religião com trabalho. É muito difícil estar num lugar ocidental, seguir uma religião que não seja a da maioria do país onde se mora. Você tem que entrar num consenso com você mesma."

Outra norma, esta seguida com rigor, também exigiu um acordo. Como realizar o jejum, que Samira observa fielmente, quando se acorda de madrugada e a alimentação só é permitida no poente: deixando de sair da cama tão cedo? "Não. Não tenho problema de resistência, tanto que durante três anos eu trabalhei normal. Mas há cinco anos tiro férias, por causa do preconceito." É uma palavra forte que só veio a aparecer na entrevista número dez. "Falavam barbaridades, as pessoas que não são da religião não respeitam que você faça alguma coisa que pareça extremo para elas. Já ouvi frases assim: 'Ah, você acha que Deus está preocupado se você está jejuando ou não, com tanto problema que tem no mundo?'." Não soa exatamente uma barbaridade, pondero – talvez cético, cínico, indelicado, certamente embute desprezo e um juízo desfavorável de valor. Mas, *barbaridade*? Para Samira, a intenção por trás da pergunta toca o mesmo limite traçado por Shuaib e Saddam. "Acho um desrespeito", diz a jornalista. "É minha religião, desculpa! Eu não falo para ninguém fazer jejum, não induzo, não contesto, você faz o que quiser. Quer se casar e se separar 500 vezes e ainda pagar um monte de pensão? Problema seu, não vou te falar que dentro do catolicismo você tem que casar com uma pessoa só e ser feliz." Então meta-se com sua vida e deixe-me em paz com minha abstinência, gritam suas narinas dilatadas. Agora somos duas com calor.

Outros ultrajes são relevados com uma resignação de que, à primeira vista, Samira não parece capaz. Quando morou em Londres, trabalhou em um restaurante que providenciava aos funcionários muçulmanos refeições islamicamente aprovadas, sem ingredientes de origem suína, entre outros cuidados. Se almoça no refeitório da TV, a jornalista pergunta sobre os ingredientes de pratos que pareçam suspeitos. Mas a cautela individual não a livra da ingestão induzida de substâncias proibidas. "Ontem me ofereceram uma broa. Eu devia ter perguntado, mas uma simples broa inocente vai ter porco? E tinha, tinha banha, e a pessoa que ofereceu sabia. Eu comi e depois um colega falou assim: 'Você comeu? Então cometeu *haram*, porque eles usam banha de porco'. Tive que levar na brincadeira, fazer o quê?" *Haram*, ou ilícito, são todas as coisas proibidas aos muçulmanos: profissões, atitudes, alimentos. Mas Samira não pecou. Segundo o *hadice* 37 de Muhammad, "Deus, o Altíssimo, perdoou a minha nação quando errar sem ter conhecimento, por esquecimento e quando pela força". Como ela se sentiu ao ser deliberadamente enganada pelo vizinho de baia? "Ah, já estou tão acostumada... Criei um mecanismo de defesa. Se essas coisas me abalassem, eu com certeza não estaria mais trabalhando, estaria em casa." Enquanto continua na emissora, ela se esforça para não dar aos colegas motivo de queixa. "Tenho minhas ideias, mas respeito a outra pessoa. Eu sou a única muçulmana no universo onde eu estou, na empresa toda são dois ou três. Do meu lado trabalha uma estagiária que é judia. E a gente conversa normal. Eu já não sou respeitada respeitando, imagina se não respeitasse!"

Com base no que sabem sobre outras crenças, Yasmin e Aziza estão seguras de que o islamismo é a religião certa. Mas todo mundo não tem certeza de que a sua é a melhor? "Ah, mas a nossa é a mais completa", diz uma. "A única que acredita em todos os profetas, as outras acreditam em um só", completa a outra. O jogral das primas-irmãs se enrosca no tema dos véus, o eficaz instrumento de afastar rapazes interesseiros. Concordam que o objetivo é manter a discrição e que o efeito obtido, em uma sociedade não islâmica, é oposto. "Chama menos a atenção sem o véu, mas daí o homem vai gostar de você só pela beleza." "Com o véu ele não vai ver como é o seu corpo, o seu cabelo. Ele vai gostar de você por *quem* você é, e não por causa de *como* você é." A distância mantida do sexo oposto contribui para preservar seus corações. "Só namora quando for para casar. Não tem isso de ficar. Assim é bom, é mais certo, mais sério." "Porque se você namora e acaba, você fica triste. Daí acontece um monte de vezes, e não é bom ficar triste toda hora." Dentro de casa, Yasmin (que possui 40 lenços) e Aziza (apenas 20) conversam, brincam de *stop* e baralho, veem fotos, vão às respectivas e alheias páginas no Facebook – tudo sem *hijab*, a menos que algum primo apareça para visitar, quando então precisam cobrir os cabelos para proteger os indefesos rapazes de borbulhantes picos de testosterona.

Quando uma muçulmana diz que o lenço evita que o homem seja levado a pecar, está reproduzindo uma voz recorrente na cultura islâmica, segundo a qual a mulher emana uma sensualidade voraz, que atrai os homens sem chance de defesa. A mulher por inteiro é duas vezes mais implacável e feroz do que as sereias cantoras de Camões, que atraíam marujos ao mar sendo metade peixes. Atirada, possessiva e incansável, ela obriga o pobre esposo a satisfazer seu apetite sob a ameaça de ir saciar a libido fora de casa, o que atiraria a honra da família à ruína lamacenta. Deve haver mais que coincidência no fato de que a palavra árabe *fitna* significa mulher bela e também caos. No livro "Sexualidade no Islã", Abdulwahab Bouhdiba reconhece que "a história da cultura árabe-muçulmana é abundante em declarações claramente antifeministas". Em tom crítico e frequentemente irônico, o autor desconstrói a visão islâmica tradicional, que enxerga na população feminina "o dispositivo principal das armadilhas de Satã. *Fitna*, que significa simultaneamente sedução e sedição, é o encanto da revolta. Pois é sob o encanto da mulher que os homens se revoltam contra a vontade de Deus. A beleza feminina é uma isca que conduz à perda, à danação". O sociólogo Bouhdiba nasceu na Tunísia, doutorou-se na Sorbonne, é professor universitário premiado pela Unesco. E é muçulmano.

De seu ápice hormonal, Shuaib declara tranquilamente que não vai namorar até que encontre a moça certa e se apaixone. Espera se casar aos 25 anos, virgem, "se Deus quiser". A década sem vida íntima que se apresenta adiante não o assusta. "É um pouco estranho, mas não me sinto um alienígena. Todo mundo é humano, ninguém é de pedra, independente da cultura e da religião. Mas, para ser bem certinho, é ter foco. Focado, focado." Ele mesmo pondera contra a imagem monástica que acaba de sugerir. "Tem diversão no mundo muçulmano, só que com limite. Muita gente ouve Britney Spears, dança, normal. Só não pode beber e levar para a cama, fazer aquilo lá." "Aquilo lá" se chama sexo? "É, isso. Não pode ter relações sexuais. De resto é normal." Já os casamentos arranjados, que tantos de sua crença julgam normais, para ele não são. "Libanês que mora no Brasil é assim: quando o filho está adulto, mandam para lá, conhecer alguma moça", abana a cabeça. Shuaib prefere se casar com uma muçulmana, pois acredita que compartilhar a mesma religião facilita o relacionamento. "Mas se eu gostar de uma mulher não muçulmana, caso com ela. Não vejo problema." E a família, será que também não vê? "Não. Meu pai é xeique, mas minha mãe é mais radical que ele. Meu pai falou que não tinha problema casar, se eu gostasse de uma menina de outra religião. Minha mãe não: tem que ser com muçulmana. Mas eu que sei, eu decido."

∞

Em sua fase de maior crescimento, o Islã sofreu um duro golpe. Enquanto se expandia e ganhava musculatura, o impulso questionador típico da adolescência foi ceifado – pelos próprios muçulmanos. Ao longo de quase 300 anos depois da morte de Muhammad, prevaleceu no islamismo a liberdade de pensamento. A *ijtihad*, tradição de autonomia, outorgava aos crentes o direito à autocrítica, a permissão de raciocinar sobre sua fé e, à luz das circunstâncias, atualizar sua prática religiosa. Desde que não estivessem especificamente ordenados ou claramente proibidos pelo Alcorão, ou pelos *hadices* do profeta, todos os assuntos podiam ser analisados e debatidos por mulheres e homens, velhos e jovens de qualquer nível de instrução, em todas as classes sociais. Pouco antes do novo milênio, porém, sobreveio um cisma que deu fim a essa flexibilidade. Por volta do ano 900, um grupo proclamou um governo à parte do império. Esse primeiro movimento inspirou outras iniciativas separatistas, provocando uma repressão violenta. Para evitar o desmantelamento da grande nação muçulmana, os eruditos aliados foram em socorro do poder central, e proibiram todo tipo de questionamento: o político, primeiro, e o religioso, na sequência. Os teólogos cuidaram de embasar a medida com uma justificativa cronológica – ou seja, irrefutável. O tempo só transcorre para frente. A revelação fica cada vez mais distante. As possibilidades de interpretação não são infinitas. O período decorrido esgotou novos entendimentos. E *voilá*: sigam a ortodoxia, já nenhuma inovação é possível. Fim da *ijtihad*.

Embora o Islã venha se ampliando constantemente desde a reconquista de Meca por Muhammad, alguns autores defendem que foi a supressão da *ijtihad* que deu suporte às expansões mais distantes, significativas e duradouras. A consolidação das práticas e um discurso homogêneo fortaleceram nos muçulmanos o senso de pertença, a disposição para a luta e a importância da pregação. Graças à superioridade militar ou por meio de uma ocupação pacífica baseada no comércio, o islamismo foi da Arábia à Espanha e à China, às Filipinas e ao Senegal. Em linhas gerais, as principais conquistas foram:

Século VII: Síria em 635, Pérsia a partir de 637, Jerusalém em 638, Egito a partir de 639, Iraque a partir de 640, Palestina em 641. De 644 a 656: da Líbia até a Turquia, do Estreito de Gibraltar (que separa a Europa da África) até o Mar de Aral (na verdade, um lago entre os atuais Cazaquistão e Uzbequistão). Entre 661 e 680: Marrocos, Tunísia e Argélia, na África; Afeganistão, na Ásia central.

Século VIII: do centro da África até o Oceano Atlântico: Chade, Nigéria, Níger, Máli, Mauritânia, Senegal e Serra Leoa. Na Ásia, o Paquistão, em 712; na Europa, Sevilha, em 713.

Século IX: quase todas as grandes ilhas do Mediterrâneo, incluindo Sicília, Sardenha, Malta e Creta. Por um tempo, também o sul da França.

Século X: Bulgária em 922, partes da Índia algumas décadas depois.

Século XI: Malásia, Brunei e todo o sul das Filipinas, por volta de 1080.

Do século XIII ao XIV: Índia, Ilhas Maldivas, Indonésia e China (metade da rota da seda já estava sob domínio islâmico desde o século VII).

Século XV: otomanos conquistam Constantinopla em 1453 e pouco depois chegam à Grécia, que governam até 1829.

Século XVI: otomanos chegam a Viena em 1529; primeiros escravos muçulmanos chegam ao Brasil.

ADOLESCÊNCIA

Quatrocentos anos mais tarde, entre 1989 e 1991, a fragmentação da União Soviética levou ao surgimento de 15 novos Estados, dos quais seis se tornaram predominantemente islâmicos: Azerbaijão, onde 93% da população é muçulmana; Cazaquistão, 47%; Turcomenistão, 89%, Uzbequistão, 88% e Quirguistão, 75% (os cinco de raízes turcas, pois haviam sido parte do grande império otomano); e Tajiquistão, com uma população 90% muçulmana (o único de cultura persa).

Desde a década de 630, as intensas relações econômicas que se firmaram entre os recém-chegados e os antigos habitantes contribuíram para a paz, e deram origem a inovações como o antepassado do "cheque", que podia ser emitido no Marrocos e descontado na Síria. O convívio social também era, no mais das vezes, pacífico. Se há casos como o da Pérsia, onde os conquistados foram proibidos de falar sua língua, há também o contraponto da Grécia, culturalmente intacta sob domínio otomano, e o da Península Ibérica, que continuou falando castelhano durante os oito séculos em que foi parte do império árabe-islâmico. Da Espanha até o Iraque, seguidores de outras religiões, particularmente judeus, trabalharam como médicos, diplomatas, comandantes militares e banqueiros. Quando os muçulmanos conquistavam países europeus, os judeus e cristãos residentes podiam se converter ao Islã ou manter as próprias crenças pagando um imposto. Já no norte da África, ao contrário, quem desejasse seguir professando sua fé era obrigado a costurar sobre a roupa retalhos com figuras de porcos (judeus) e macacos (cristãos). Os desenhos deviam ser afixados também nas portas das casas. Num ou noutro continente, quem abraçasse o islamismo era automaticamente incorporado às forças armadas e ficava livre de pagamentos e símbolos animalescos. Para efeito de comparação, lembremo-nos de que, durante as Cruzadas, os infiéis não tinham opção pecuniária: tornavam-se cristãos ou morriam pela espada de Deus. No caso do Islã, a conversão era preferível. O que deixasse de ser arrecadado em tributos seria compensado mais tarde, por um exército maior e mais poderoso, capaz de se apossar de mais ou mais valiosos espólios de guerra.

O islamismo já tinha então o próprio código de ética para as batalhas. "Mesmo em situação de combate, há regras que não podem ser transgredidas", afirma Sami Armed Isbelle em seu "O Estado islâmico e sua organização". É proibido causar danos civis que possam ser evitados, como a destruição de templos religiosos, casas, árvores, plantações ou núcleos de abastecimento. É permitido matar animais, mas somente se eles representarem perigo ou se forem usados na alimentação dos combatentes. É proibido atacar pessoas feridas, violentar prisioneiras de guerra e torturar prisioneiros até a morte (o autor não se pronuncia sobre torturas que não levem à morte). São intocáveis as crianças e mulheres, os religiosos, trabalhadores, deficientes mentais, inválidos e idosos incapazes de lutar. Entre os inimigos, soldados ou civis, só é permitido matar os que portarem armas contra o exército muçulmano. Pode-se ocupar o quartel inimigo, mas os espólios estão restritos a provisões, equipamentos e armas.

Pouco se conhece da tolerância islâmica de antigamente e ainda menos exemplos contemporâneos se veem daquilo que já foi uma marca registrada da crença. Seis séculos antes de Cristo, portanto 1200 anos antes do nascimento de Muhammad, a Pérsia era governada por Ciro, soberano que libertou os judeus do cativeiro. O Cilindro de Ciro, considerado a primeira declaração de direitos humanos da História, pregava liberdade religiosa e bania todo tipo de opressão. Essa terra, onde outrora havia justiça, liberdade e progresso, é muçulmana desde o século VII, chama-se Irã desde 1935 e já teve como presidente Mahmoud Ahmadinejad, um notório violador de direitos, que instituiu pena de prisão às mulheres que saírem às ruas sem o xador. (Xador é palavra de origem persa, usada, portanto, apenas no Irã. Equivale, com poucas diferenças, ao *hijab* árabe.)

Os muçulmanos são 50% da população da Nigéria, cuja constituição segue princípios liberais e ocidentais. Em 2002, cinco mil deles saíram às ruas armados de facas, provocaram incêndios, mataram mais de cem pessoas e feriram outras 200 para protestar contra a realização do concurso de Miss Mundo, que os líderes da revolta declararam ser contrário aos princípios islâmicos. Fazia várias semanas que o evento vinha ocorrendo sem problemas no sul do país, de maioria cristã. Nos tumultos do norte, até igrejas foram destruídas, um vexame para a religião que se orgulha de ter preservado templos de outras crenças ao longo de toda sua história. Quatorze séculos atrás, os muçulmanos que conquistaram a Turquia preservaram sinagogas e igrejas que existem até hoje – a sede dos ortodoxos, por exemplo, fica em Istambul. Em 2002, em meio à convulsão, o presidente da Nigéria e líderes islâmicos tiveram de ir à TV pedir calma à população. Conflitos religiosos voltaram a ocorrer em 2009.

No mesmo ano, a ausência de reações extremistas garantiu elogios da imprensa mundial ao Paquistão, cuja população é 95% muçulmana. Depois de ter sido cancelada em 2007, devido ao assassinato de Benazir Bhutto, e de novo em 2008, devido a atentados, finalmente em novembro de 2009 foi possível realizar no Hotel Marriott de Karachi a primeira semana de moda do país, onde manequins lindas e magras como em qualquer lugar do mundo, vestindo tanta (ou tão pouca) roupa quanto em qualquer passarela do Ocidente eram observadas, da plateia, por homens e mulheres sem véu sentados lado a lado.

"Não há benefício algum no debate ou na discussão que acabe por fracassar" é um reflexo bastante atual do fim da *ijtihad* de 1100 anos atrás. A espantosa afirmação foi feita pelo xeique Ahmad Osman Mazloum em seu livro "A educação espiritual no Islam", de 2008. Recomendação igualmente curiosa se encontra em "Um breve compêndio sobre o Islam – crença e prática": "Não procureis aquilo do qual não tendes nenhum conhecimento". A primeira frase é uma afronta à lógica: como saber *de antemão* que um debate vai fracassar?! A segunda é um convite à eterna ignorância: como adquirir o conhecimento que não se tem, sem procurá-lo?! Ambas remetem claramente ao *hadice* número nove de Muhammad: "Não me questioneis acerca das questões que vos mencionei. O que levou os povos que vos precederam para a perdição foi sua insistência em fazer perguntas sobre as questões desnecessárias, além de manterem divergências com seus profetas. Assim sendo, abstende-vos do que vos proíbo, e quando vos ordeno algo, buscai-o de acordo com a vossa capacidade." É preciso perguntar: questões desnecessárias *para quem*?

O clero islâmico e os muçulmanos civis consultados refutam o sentido mais aparente e imediato das orientações alegando erro de tradução. O turco Mustafá Goktepe afirma que o Islã não apenas legitima como incentiva o estudo e a busca da sabedoria, e esgrime outro *hadice* como prova: "Se o conhecimento estiver na China, vá até lá buscar". "Essa frase com certeza não significa o que você entendeu", diz. "O que quer dizer é não falem o que não é da conta de vocês. Não comentem o que não sabem." Ou seja, não espalhem fuxicos, não disseminem informações sem confirmação e não repitam palavras extraoficiais. Admitamos que Mustafá esteja certo em sua interpretação do *hadice* e do "Breve compêndio" com o qual me presenteou – nada muda o fato de o xeique Ahmad Osman Mazloum ser brasileiro, paulista de Mogi das Cruzes, e ter escrito sua obra em português. Também não apaga os crimes de lesa-cultura perpetrados, séculos atrás, por líderes otomanos. Em 1579, Istambul construiu um observatório de Astronomia; no ano seguinte, o clero mandou demolir. A primeira prensa tipográfica do mundo muçulmano também instaurou-se naquela cidade, em 1728. Em menos de duas décadas, os religiosos proibiram seu uso.

Se os motivos para a destruição do observatório podem ser apenas imaginados, o abandono da prensa pode ser compreendido, vejam só, à luz da história cristã do século XVI. Em 1517, o alemão Martinho Lutero começou a defender que a Bíblia fosse traduzida do latim para idiomas que os cristãos pudessem entender. Tornar o texto sagrado acessível aos fiéis era uma proposta revolucionária, que criaria a Reforma Protestante e depois afundaria a Europa em guerras até 1648. Tariq Ali, escritor, roteirista e cineasta paquistanês formado em Oxford, mora na Inglaterra e participou do programa Roda Viva em agosto de 2006. Ele contou: "Dizem que um sultão esclarecido em Constantinopla, que hoje é Istambul, disse: 'Vamos pegar a prensa'. Mas os clérigos disseram: 'A prensa? Para que as pessoas publiquem seus livros? Vejam o que houve na Europa. Lembram-se de Martinho Lutero? Vocês querem uma guerra entre as facções do islamismo por duzentos anos, como a guerra entre protestantes e católicos, que matam uns aos outros?'. Então, o sultão recuou".

Na São Paulo de hoje, algo da *ijtihad* sobrevive entre os muçulmanos que levam a sério sua religião, mas não se obrigam a cumprir todas as determinações do Islã. Como os crentes até o ano 900, eles não se sentem coagidos a manifestar externamente sua fé, e valorizam uma espiritualidade que integra princípios islâmicos a valores mais universais, ao momento e local onde vivem. A secretária Hadil Daaboul, síria sunita de 24 anos, chegou ao Brasil com toda a família quando era pouco mais que um bebê. "Acredito que antes do muçulmano existe o ser humano", ponderou. "Ser uma boa pessoa é mais importante e mais difícil do que se definir como pertencente a uma determinada religião." Enquanto eu me recuperava de uma cirurgia, ela concedeu por *e-mail* a entrevista na qual contou que o pai, "um jornalista muito respeitado na Síria", e a mãe educaram-na para ser respeitosa, com foco no aprendizado, diálogo e compaixão pela natureza e outras pessoas. "Sou muçulmana, nasci e sempre serei muçulmana, minha criação foi dentro da cultura árabe. Mas nunca me obrigaram a nada. Tento não alimentar pré-conceitos nem julgamentos alheios, tento conviver em paz e pela paz." Ela nunca usou véu nem sofreu pressão para usar, como, aliás, era a norma na Síria, até o início dos anos 1990. "Hoje, a maior parte usa. Com o aumento do desemprego e as dificuldades sociais e políticas, a população precisa se apegar a algo. Aquela região enfrenta problemas constantes, e a religião ajuda a manter a fé na vida." A adoção mais intensa de símbolos religiosos vem a reboque dos desafios cotidianos.

~

A caridade ritual não é um dever de fé na adolescência. O *zakat* de 2,5% é devido apenas por indivíduos que atingiram o patamar detalhadamente explicitado na doutrina – na maioria das vezes, um nível só alcançado na vida adulta. Independentemente disso, a doação espontânea, desvinculada da norma teológica, é muito incentivada e merece a aprovação social mesmo quando custa pouco a quem faz. Oferecer ajuda, prestar favores e manter a gentileza quando a vontade é partir para a ignorância são atos contabilizados como caridade. Antes de ser vendedor registrado na capital paulista, Saddam Chaffouni foi divulgador autônomo de cursos de inglês pelo centro-oeste e nordeste do país. As mudanças de profissão e de Estado atrasaram a conquista do patrimônio mínimo que obriga à caridade, mas nem por isso ele deixa de contribuir alternativamente. "Não hesito em ajudar o próximo, nem sempre em dinheiro. Por exemplo, tenho um primo que não tem as duas pernas. Ajudo minha tia a dar banho nele, ponho no carro para ir ao médico. E ele é pesado, viu? Já é adulto e pesa 120 quilos", conta erguendo as sobrancelhas. A vida itinerante que Saddam levou por dois anos fez mais do que postergar sua estabilidade financeira. Viajando em companhia de um primo por este mundão de meu Deus, ele admite que se afastou completamente da religião. "Quando eu divulgava, eu bagunçava muito, aprontava bastante. Só queria curtir, trabalhar e viajar. Vivia em função disso. Dezoito anos, com dinheiro... Não tem como, né?" Escapou por pouco de tornar-se fumante e até bebida experimentou.

O álcool é proibido aos muçulmanos – não apenas o consumo, note-se: todo contato é vedado. Não se pode produzir, transportar, vender, servir. Há países islâmicos onde crentes de outras religiões podem beber livremente, como na Malásia, onde a cervejaria Guiness concentra esforços de comunicação e venda nas populações de origem indiana e chinesa. Mas que um nativo não ouse. Recentemente, o The New York Times noticiou que uma modelo muçulmana flagrada consumindo álcool em um hotel foi açoitada. O jornal não informa se o vendedor, religiosamente sujeito a até três anos de cadeia, também foi sentenciado. Enquanto isso, na Europa, os verões batem recordes de temperatura e desencaminham bons muçulmanos da senda reta. O Euromonitor International, grupo independente de pesquisa de mercado, estimou que, em 2010, a Turquia deveria apresentar vendas recordes de cerveja: 1,1 bilhão de litros, contra 727 milhões seis anos atrás. O Egito, onde 90% da população é sunita, também teria um incremento no consumo da bebida, segundo o mesmo instituto. As vendas devem atingir 182 milhões de litros, em comparação a 118 milhões de litros em 2004 – difícil atribuir tamanho aumento aos 10% da população não islâmica do país.

Saddam segue explicando, meio que para si mesmo, como a bebida que tomou nas baladas serviu, afinal, a um propósito nobre. Na época, a namorada nem grávida estava ainda, mas, olhando em retrospectiva, ele filosofa: "Experimentei uísque, cerveja, um pouco de tudo, para saber como são os efeitos, porque, se um dia eu fosse pai, poderia falar para o meu filho não fazer. Tenho que ser um exemplo." Ah. O Saddam criança, que estudava o Alcorão em CD, seria melhor influência para o filho Jihad do que o Saddam de hoje, adulto e tornado pai. Ele admite: enquanto viver no Brasil, será "muito difícil" levar uma vida islamicamente correta. "Aqui, você olha para o lado e vê uma mulher quase seminua. Sendo casado ou não, você olha, porque ela instiga. A tentação..." Apesar de ter nascido em São Paulo, assume a nacionalidade libanesa e, com esse distanciamento, segue explicando a problemática da religião minoritária: "Os brasileiros são o quê? Cristãos! O Brasil não segue a lei árabe, não segue. Então, para rezar, aqui na loja, não dá. O cliente não vai entender minha necessidade de parar para isso". De fato, como todos os vendedores são muçulmanos, fazer as orações demandaria o fechamento da loja por alguns minutos, todos os dias – uma decisão potencialmente nociva aos negócios. Igualmente arriscado seria contar com a benevolência da cliente: "A senhora se importa de olhar as bancadas sozinha, por um momento? Vou ali rezar e já volto". Eles poderiam se alternar, sugiro, garantindo que ao menos um muçulmano por dia cumprisse as rezas, mas para Saddam a ideia é inútil. Apesar de trabalhar na loja há seis meses, ele não sabe para que lado fica Meca.

Da sala de reuniões na Casa de Cultura Turca, Mustafá não tem nenhuma dificuldade para localizar a direção. Perguntado, não titubeia. "Para lá." Não é por estar em um ambiente familiar. "É a prática. Para qualquer um de nós aqui que você perguntar, vai saber dizer, em São Paulo inteira." Ele desenha no ar um círculo anti-horário enquanto lista as avenidas da cidade a partir de onde consegue se orientar: é um verdadeiro centro expandido da fé, similar ao do rodízio nos bairros que abrange. E não é só. Durante passeios e viagens, para não falhar em seu compromisso com Deus, ele carrega na mochila o tapetinho de orações e uma bússola – que não aponta para o norte magnético da Terra. "É especificamente para encontrar a cidade sagrada. Em São Paulo o código é 31. Você aponta o ponteiro vermelho para o 31 e a outra seta mostra a direção." Fazemos o teste – Meca está milimetricamente no grau que ele indicou. "Percebeu? Está comigo no Rio, em Brasília, Santa Catarina..." Mas como saber o código desses outros lugares? "O Brasil inteiro, em geral, é 31. Mais para o norte muda, e no manual tem outras cidades." Quando viaja para a Turquia, Mustafá conta com a prestimosa ajuda da companhia aérea. Nos voos da Turkish Airlines e da Emirates, o piloto anuncia o horário e os comissários informam a direção. O muçulmano estrangeiro que não possuir uma bússola pode estar descansado no Oriente Médio: em todos os hotéis existe a *qibla*, um adesivo colado na escrivaninha dos quartos que indica para onde está Meca.

Há poucos meses, a imprensa brasileira e internacional, *sites* noticiosos e emissoras de TV relataram que, por um erro de cálculo, milhões de indonésios vinham rezando não em direção a Meca, mas ao Quênia e à Somália. Depois de consultar um grupo de astrônomos, o Conselho de Ulemás da Indonésia admitiu que foi um erro mandar os fiéis se voltarem para o oeste. A nova orientação é que se virem para o noroeste.

Para Faten Soueid, a arquiteta que não jejua, a localização da cidade sagrada é indiferente, pois ela também não reza cinco vezes por dia, embora faça uma prece pedindo proteção, pela manhã, e outra de agradecimento, quando volta para casa. Foi a mãe quem ensinou o hábito e os dizeres – mas, por mais importantes que sejam as orações, nem de longe constituem o aprendizado mais significativo que ela recebeu da figura feminina central de sua vida. Faten nunca usou véu, se evita carne de porco e álcool é só por não gostar, muito raramente vai à mesquita. Mas é absolutamente islâmica na adoração que tem pela mãe, no respeito que lhe devota e no entusiasmo com que se refere a ela. "No Islã, servir aos pais é um dever secundário apenas à oração, e é direito deles esperar por isso", informa *Um breve guia ilustrado para compreender o Islã*, livrinho rico em imagens, impresso em papel brilhante e distribuído gratuitamente pela Fambras durante a Bienal do Livro. Pai e mãe devem ser servidos, mas a elas se deve mais consideração. "Um homem foi ter com o profeta e lhe perguntou: 'Ó Mensageiro de Alá, quem é a melhor pessoa a quem devo oferecer meu respeito?'. Ele respondeu: 'À tua mãe'. O homem perguntou novamente: 'E quem mais?' Ele respondeu: 'À tua mãe'. 'E depois dela?', ele insistiu. O profeta respondeu: 'À tua mãe'. 'E depois dela?', ele perguntou, novamente. O profeta respondeu: 'Ao teu pai'."

O pai de Faten chegou do Líbano com 17 anos, no início da década de 1980. Tão logo conseguiu se estabelecer, contando para isso com a ajuda de uma irmã que já vivia em Minas Gerais, foi à aldeia natal visitar a família e arranjar uma esposa. Voltou ao Brasil, casado, apenas três meses depois. Paixão mútua à primeira vista? "Não foi amor, eu acho. Assim, amor, amoooor, não", opina Faten, justificando: "Ele já foi com o intuito de aproveitar para casar. Sabe como é, era tão difícil viajar naquela época. E árabe é muito rápido para isso, casa mais depressa do que dura fazer faculdade". O casal ainda estava no Líbano quando Israel invadiu o sul do país. "Então eles estavam assim, ou vai agora ou nunca mais vai. Eles foram ao aeroporto várias vezes, e estava fechado. Na vez que deu certo, com o avião já subindo, e foi o último que decolou, o exército de Israel ficava atirando." A história, não surpreende, foi a mãe quem contou. "Tudo que minha mãe fala tem razão, mesmo que na hora eu não veja. Minha mãe é tudo, se ela não estivesse em casa, nem sei. Ela é que sabe, que faz, é a chefe. Ela é firme e muito forte." Foi a mãe quem ensinou Faten que, segundo o Alcorão, a última palavra é sempre da mulher, ainda que seja o homem a verbalizar. "No islamismo a mulher é a principal. Nunca, jamais, você vai ver um religioso de verdade falar que o homem é mais importante ou que manda. Muito pelo contrário. Ela tem mais valor do que ele."

Faten rejeita com firmeza a ideia de que homens árabes são, digamos, um pouquinho intensos na defesa de sua masculinidade. "O árabe é o menos machista que existe. Eu não acho mau o cara querer sustentar a mulher dele, acho que é uma proteção. Desde pequena estou acostumada a ter meu irmão me protegendo, então acho normal, acho bom. Se ele não está me vigiando é estranho. Gosto disso e isso me atrai no homem árabe." O avô de Faten, libanês xiita, é, nas palavras dela, "do tipo dócil". Muito religioso, mas nada intransigente. "Nunca foi muito rígido, tanto que nenhuma das filhas usa véu. Quer dizer, uma usa, mas é por influência da filha dela." A arquiteta é uma moça exuberante, de sorriso largo e rímel, que chegou em sandálias de salto, *short*, uma blusa decotada atrás e com os cabelos negros, enormes, lisos, lindos e soltos. Acredita que o Alcorão é muito mais liberal e muito mais coerente do que alguns fazem crer e que, mundo afora, tem gente distorcendo sua religião. "Milhões de anos atrás, quando o Alcorão foi escrito... Não sei quando foi escrito, mas, na época, ninguém sabia como a gente ia estar hoje. Quem leva ao pé da letra está muito quadrado. Lá no Afeganistão, por exemplo, não são homens, são uns animais. Aquele negócio de burca é deturpado, isso não existe." Para provar seu ponto, conta que poucos dias antes um xeique muito conhecido e respeitado tinha concedido mais uma autorização. Olhando as próprias mãos, pergunta: "Pensa bem, quem falou que não pode pintar a unha, se antigamente nem existia esmalte?!".

Assim como a tatuagem, também o esmalte impede a limpeza que deve anteceder a entrada na mesquita. Por outro lado, mulheres menstruadas não podem de qualquer forma realizar suas orações rituais. A vaidade encontra a conveniência e leva as muçulmanas a aproveitar o ciclo mensal para ir à manicure. No laboratório de ciências da Escola Islâmica Brasileira, observo as mãos de Iman Orra. Seu rosto fica mais vermelho que suas unhas.

Maioridade
Ou de como se purificar pela caridade e zerar pecados cumprindo uma romaria

Para divulgar aos homens suas últimas palavras, Deus usou um anjo como porta-voz e um profeta como mensageiro. Avalie-se a gravidade do que tinha para dizer quando eliminou o primeiro intermediário e trouxe à sua presença o destinatário final para transmitir, diretamente, uma orientação. Pois Deus levou Muhammad até o céu e o instruiu sobre as orações diárias – eis a importância das cinco rezas. Muçulmanas e muçulmanos compreendem isso. Compreendem também que, por muito fiéis que sejam, existem questões de ordem prática que atravancam o caminho entre a fé e a estrita observância do dever religioso. Se uma operação se estende para além do previsto e invade o horário da reza, deveria o médico interromper o procedimento, lavar-se, mudar de roupa, localizar Meca, prostrar-se, orar, colocar de volta touca, avental e luvas e retornar à sala de cirurgia, convidando o instrumentista a retomar de onde haviam parado? O criador, em sua infinita misericórdia, jamais permitiria que tal dilema pérfido se abatesse sobre os crentes. A religião que tudo prevê tem resposta para essa e outras aparentes armadilhas que, sendo menos dramáticas, geram, no entanto, o mesmo tipo de dúvida.

Se a cadeia de lojas que emprega Saddam Chaffouni pertence a um muçulmano, e a equipe (100% islâmica, naquela unidade) não interrompe o expediente comercial para rezar, que chance têm de cumprir seus deveres os funcionários cujos patrões seguem outras crenças? Al-Sharif contou que conciliar trabalho e "vida de muçulmano" é fácil. "Por exemplo, faz a primeira oração antes de sair de casa. A do meio-dia pode fazer na hora do almoço. A da tarde faz na hora de tomar café, nas firmas que dão 15 ou 20 minutos de intervalo. E pode fazer a quarta e a quinta em casa, uma no pôr-do-sol e outra uma hora e meia antes de dormir. Só na sexta-feira, que tem que ser na mesquita, se tem condições, deve pedir licença para ir rezar e voltar." Não é um paliativo meramente teórico. Al-Sharif fala com a autoridade de quem viveu a experiência: antes de se tornar intérprete na Mesquita do Brasil, ele foi engenheiro da extinta madeireira Digital Amazonas – cujo proprietário era um brasileiro judeu. Na entrevista admissional, espanto dos espantos, o futuro chefe lhe perguntou se precisaria faltar em um dia da semana para cumprir suas obrigações de fé. "Mas se estou contratado para trabalhar! A parte religiosa pertence a mim e Deus. Se estou contratado, meu serviço primeiro."

Apesar de agradecer pela generosidade da oferta, Al-Sharif não fez uso dessa brasileiríssima hipótese de acomodamento entre relações pessoais e ética de trabalho. Primeiro, porque não era teologicamente necessário; segundo, porque a reza coletiva era uma impossibilidade total. "Se eu estou para produzir tal tarefa, então não pode ser prejudicada por oração. E lá era no fim do mundo, né? Não tinha mesquita nem outros muçulmanos", exibe todos os dentes quando ri, mas quase se ofende quando pergunto se essa flexibilidade é uma permissão doutrinária ou uma interpretação pessoal. "Oficial! A pessoa se adapta, você não pode prejudicar. Ele pagou para mim pelo tempo, então o tempo é dele. Para rezar, tenho que ter o meu tempo." Se até as árvores, que não têm pressa de morrer nem meios para fugir, prevalecem sobre o horário das orações, então podem respirar aliviados e confiantes os que dependem de muçulmanos *motoboys*, bombeiros, controladores de voo e todos os outros profissionais de quem não se espera uma pausa religiosa no meio do trabalho. Quem precisar de um prestador de serviço *enquanto* a reza estiver em andamento encontrará consolo no fato de que a oração ritual só dura cinco minutos – cabendo exclusivamente ao crente prolongá-la, se dispuser de tempo *próprio* livre para isso.

Nos países islâmicos, previsivelmente, nenhum contorcionismo é necessário. O ambiente externo facilita e incentiva a execução das práticas. A jornalista Samira Zenni reservou ao Líbano seis meses, dos 18 que passou em período sabático, e fez coincidir o mês do jejum com a etapa em Beirute. "Seguir uma religião que não é a da maioria do país me incomoda, o brasileiro diz que não é preconceituoso, mas é. As pessoas não respeitam o imigrante, quem não faça parte, quem não siga a regra. Passei um ramadã no Líbano. Na mesquita tem o chamado para a oração, é feriado para todo mundo, não tem aula, não se trabalha no dia seguinte à noite de vigília. É uma diferença muito grande." Muito grande e nada surpreendente, pode-se acrescentar, à luz do fato de que mais da metade da população libanesa é muçulmana. No Brasil, onde, conforme o Censo de 2000, 73,6% da população é católica e 15,4% é evangélica, perfazendo quase 90% de cristãos, 25 de dezembro também é feriado para todo mundo. Em São Paulo, o chamado para as orações já foi prática corrente, entretanto proibida pela prefeitura muitos anos antes da existência do Psiu, o Programa de Silêncio Urbano vigente no Estado de São Paulo, contou Al-Sharif. "Antigamente se usava, hoje não. A religião islâmica não tem sino, trompete nem corneta, é voz. Impediram de colocar alto-falante nos 'minaritas' ", explicou o intérprete se referindo aos minaretes, as torres de onde sai a convocação – em árabe, idêntica em todos os lugares do mundo, entoada melodicamente por voz humana e sem acompanhamento musical.

Ainda que enfrentando algumas reações adversas dos nativos de outras religiões, Samira e sua família parecem conseguir praticar sua fé sem maiores entraves. Todos jejuam. O pai vai à mesquita semanalmente. O pai e a mãe fazem todas as cinco orações no chão da sala. Na casa deles, visitantes só entram sem sapatos. As paredes são decoradas com tapeçarias onde se lê, em árabe, "Deus, o Clemente, o Misericordioso". Jamais álcool e carne de porco passaram da soleira de entrada. A jornalista mantém no quarto "várias roupas de rezar, tapetes de rezar". No carro, tem uma *masbaha*, o fio de contas semelhante a um terço. Às 20h, Samira faz sua única oração do dia, sem que o preconceito brasileiro possa ser responsabilizado pela ausência das demais.

O Líbano é um frequente destino de férias para a arquiteta Faten Soueid, que adora a capital, onde "as pessoas são muito mais cabeça aberta que aqui. Eles têm mente europeia, tudo chega antes lá. A cultura é muito mais avançada do que no Brasil. As festas, a praia, o verão...", suspira. "E eles são muito mais inteligentes, a escola é muito mais forte. Ou vai ver é uma coisa de sangue árabe. Mas eles falam línguas e línguas, todos. Aqui, para brasileiro falar inglês já é difícil. Lá, menina de cinco, seis anos, tem o inglês na ponta da língua, depois o francês, além do árabe. Acho que eles estão [estalando os dedos] muito, muito à frente." Quando viaja para lá, Faten passa os fins de semana na aldeia, onde usa roupas conservadoras para não agredir uma população mais velha e, talvez, não tão à frente. O amor que tem pelo avô, o interesse em seus pareceres religiosos e conselhos para a vida, e mesmo a atmosfera mais tradicional, não são suficientes para conduzi-la à mesquita. "Tem aquele código, eu teria que colocar uma calça, uma camisa, um véu, mas não é isso que me incomoda. Acho bonito, mas não vai fazer diferença eu rezar lá ou na minha casa." O país que Faten tanto admira, outrora conhecido como a Suíça do Oriente Médio por sua prosperidade, beleza e paz, vem perdendo as três coisas em guerras intermitentes desde os anos 1980. Os pais dela fugiram – quem não conseguiu guarda lembranças traumáticas.

Em uma das salas do Seara Bendita, há uma lousa na qual alguém de caligrafia muito redondinha escreveu: "Enquanto temos tempo, façamos bem a todos. Paulo, Gálatas, 6:10". No sábado 8 de maio, cem das 156 carteiras escolares estão ocupadas às 8h, quando entra o palestrante magro, de lábios finos e evidente intimidade com o microfone. Ele sabe o que fazer com os braços longos e as grandes mãos. Dirige três palavras a cada participante, e assim, em poucos minutos, toda a audiência recebeu sua parcela de atenção individualizada. Há uma atmosfera de relaxamento e todos se sentem vinculados ao homem de *jeans* e camiseta que diz coisas como "nós, os espíritas", "respeitar as diferenças e não ter a arrogância de achar que sabe o que é melhor para os outros" e "eu já encarnei umas 350 vezes, ora como homem, ora como mulher" – um assombro, dada a veemente rejeição do islamismo à ideia de reencarnação. Maher Hassan Musleh, o muçulmano que dá palestras e passe no centro espírita, é também um comunicador sensacional: naquela véspera de dia das mães, cita Lady Laura, falecida algum tempo antes. Na plateia, pessoas choram.

"Todo vendedor tem algo de psicólogo, todo psicólogo é um pouco vendedor", admitiria, semanas mais tarde, durante a entrevista em seu consultório. Maher se formou em Psicologia pela Faculdade Madre Cabrini após vender material de construção civil, depois de vender seu restaurante para se tornar gerente de vendas numa empresa e muito depois de se diplomar em Movimento de Terra e Pavimentação pela Fatec e acompanhar obras no ABC paulista. "Isso de venda, para o árabe, é quase natural. Saí de construção civil na era Collor, uma crise lascada, não tinha o que fazer em obra. Fui para outros ramos, sempre em vendas." O tino comercial dos árabes já era famoso no século V antes de Cristo, do que dá prova um texto de Heródoto sobre a canela, citado por Tom Standage em seu livro *Uma história comestível da humanidade*. O historiador grego escreveu: "Ignora-se por completo em que país ela cresce. Dizem os árabes que os paus secos que chamamos de canela são trazidos à Arábia por grandes aves, que os carregam para seus ninhos feitos de barro e localizados sobre precipícios nas montanhas que nenhum homem é capaz de galgar. O método inventado para se obter os paus de canela é este: as pessoas cortam os corpos de bois mortos em pedaços muito grandes e os deixam no chão perto dos ninhos. Depois elas se dispersam, e as aves vêm voando e carregam a carne para seus ninhos, os quais, sendo fracos demais para suportar o peso, caem no chão. Os homens aproximam-se e apanham a canela. Adquirida desta maneira, ela é exportada para outros países." Seriam necessários 600 anos até que o escritor romano Plínio, o Velho, desmascarasse a técnica inflacionária: "Esses velhos contos foram inventados pelos árabes para elevar o preço de suas mercadorias".

No atendimento a seus pacientes, Maher talvez lance mão de alguns truques também – bem menos fantasiosos e mais bem-intencionados, como reza outra tradição milenar: o cuidado com a mente alheia também está no sangue dos árabes, pioneiros na Psiquiatria. No século IX, enquanto a igreja católica tentava o exorcismo contra a loucura (e, falhando, mandava à fogueira os doidinhos do bairro), Bagdá tinha um hospício para estudar e ajudar os dementes. A primeira instituição mental do Ocidente só foi surgir 700 anos mais tarde, em Valência. Muito depois, portanto, de o rapaz que acreditava ser uma vaca ter sido curado por Avicena, como ficou conhecido Abu Ali al-Hussein ibn Abd-Allah ibn Sina. Astrônomo, químico, filósofo, professor e médico, o multitalentoso uzbeque nascido em 980 foi chamado por um rei cujo filho dizia que, sendo um bovino, nada mais lhe restava que ser abatido e servido aos famintos da região. O rapaz não tomava banho, não comia e não falava outra coisa. Imagine-se com que surpresa o velho pai ouviu Avicena concordando com tudo. Sim, realmente, você é uma vaca; sim, de fato, devemos sacrificá-lo; sem dúvida, vamos cortá-lo em pedaços e oferecer à população – porém, nesta magreza, não será possível, a benevolência do propósito se perde totalmente: neste estado você não satisfaz uma família, que dirá a vizinhança; portanto, coma, nutra o espírito com livros, tome banhos de sol e de água, em suma, transforme-se em um alimento digno do nome. O príncipe sobreviveu, o rei matou um animal para celebrar, e a artimanha de Avicena entrou para a História.

Maher se casou com uma brasileira não muçulmana, não tem filhos, é sunita de origem palestina e nasceu em São Paulo, há 41 anos. "Um islâmico palestino é duplamente explosivo. Em toda viagem internacional sou casualmente escolhido para uma entrevista mais detalhada", sorri ao contar. "Mas *muslim* significa pacificador. *Asalam aleiukum* significa 'a paz esteja sobre você'. É uma maluquice imaginar que o islamismo é por princípio, por fundamento, não pacífico." Observo que foi ele mesmo quem trouxe à tona a associação entre sua religião e extremismo. "É difícil passar a vida inteira tendo de explicar que você não é violento. Mesmo em contextos acadêmicos, em congressos, é quase impossível não ouvir uma piadinha. Até nosso inconsciente vai manifestando isso, uma necessidade de dizer que não somos terroristas." Ele se sente brasileiro e torce pela seleção nacional de futebol, mas confessa que sonha em poder viajar com um passaporte palestino, apesar da possível multiplicação das revistas aleatórias nos aeroportos.

Enquanto os pais de Faten escapavam de Beirute no último voo para o exterior, Maher tinha 13 anos, onze de Líbano, e morava com a família nas cercanias de um acampamento de refugiados invadido pelo exército israelense. "Ariel Sharon fez o acordo para que os palestinos saíssem do sul. Os palestinos saíram, conforme o acordo. Na calada da noite, Sharon autorizou o massacre de Sabra e de Shatila. Eu morava muito perto, muito perto, de um desses campos. Durante o massacre eu me fingi de morto. Só recentemente pude relembrar, aos 40 anos. Foi a primeira vez que entrei em contato com violência sexual. Eu era uma criança, na época, vendo soldados violentando mulheres, violentando crianças, abrindo a barriga das mulheres, tirando o feto e dando um tiro no feto. Foi uma experiência tenebrosa."

Eu luto contra os círculos pretos que tremulam no meu campo periférico de visão. Ele conta como uniu vivência pessoal e estudos. Em sua dissertação de mestrado em Psicologia, Maher abordou o tema do vitimizador sexual, que se recusa a chamar de agressor. "Agressor é quem agride gratuitamente", explica, "e vitimizador é quem agride como resposta à agressão sofrida. É uma questão que também perpassa os palestinos". Fala com excepcional clareza, de sua poltrona de terapeuta, diretamente ao gravador sobre a mesinha lateral. Intuindo pela minha palidez que não estou ouvindo nada, vai ditando as frases com muita calma, de modo a garantir minha transcrição posterior. "Para mim, a maior vitória é pegar um indivíduo que cometeu violência contra seus familiares e ter a oportunidade de participar da reinserção dele na família, momento em que eles se perdoam, porque compreendem o que acontece. Esquecer, jamais vão esquecer. Mas isso me mostra que talvez, um dia, seja possível a árabes e judeus viverem na mesma nação, sob o mesmo governo, com os mesmos direitos. É utópico, a guerra tem mais de cinco mil anos? Eu digo, um pouco de utopia faz bem", gravou ele.

Recomponho-me a tempo de ouvi-lo dizer que não gosta de fundamentalismos, que cultura tem tudo a ver com árabes e que a História, para seu povo, tem um sentido profundo. "O espiritismo veio da curiosidade, desse meu buscar pelo conhecimento. Comecei a ler e achei interessante a proposta de enxergar morte e vida sob outra ótica. Fui fazendo *links* entre o islamismo e Kardec." É uma interpretação um bocado heterodoxa, noto, mas ele discorda. "Kardec escolheu a moral cristã. Para nós, islâmicos, Issa, que é Jesus, também é alguém muito respeitado. Pena que se associa Jesus a Deus, é um perigo colocá-lo num lugar distante. Ao desumanizá-lo, a gente cai num desculpismo fácil, 'ah, fazia isso, era assim, mas é Jesus'. Não! É igual a nós! Por que a gente não pode ser tão bom quanto ele?" Ele aponta outras semelhanças entre o espiritismo e o Islã. "O primeiro versículo do Alcorão que Maomé recebeu foi assim [declamando primeiro em árabe e traduzindo na sequência]: 'Leia em nome de Deus que te criou. Leia porque Deus é misericórdia e conhecimento, e Ele vai te ensinar'. Daí vem Kardec e diz: 'Educai-vos e instruí-vos'. Por quê? Porque educação e instrução nos afastam do misticismo."

Há mais similaridade entre as duas crenças do que poderia supor um materialismo vão. Enquanto Kardec falava em espíritos, o escritor turco M Fethullah Gülen dedica em seu "Perguntas e respostas sobre a fé islâmica" um capítulo inteiro a seres "de uma espécie ou classe que não pode ser vista a olho nu, nem com telescópios ou microscópios". Ele os chama de gênios, e detalha, ao longo de cinco páginas:

São seres conscientes carregados de obrigações divinas. [...] Precederam a humanidade na criação e foram responsáveis por cultivar e melhorar o mundo. [...] Movimentam-se bastante rápido e não são limitados pelas exigências do tempo ou do espaço no qual nos movimentamos normalmente. [...] Os gênios podem aparecer como serpentes, escorpiões, gado, jumentos, pássaros e outros animais. [...] São seres penetrantes, com maior capacidade de inserção do que os raios-X Eles podem penetrar nos corpos dos seres humanos pelas veias e pontos centrais do cérebro.

Não é o caso de comparar os nomes e atributos com que kardecismo e islamismo descrevem tais seres – mas algo da doutrina não mística do espiritismo poderia interessar ao autor turco, que adiante na mesma obra afirma:

Os gênios podem danificar e causar doenças físicas e psicológicas. E penso que isso pode ser uma boa ideia para que as autoridades médicas considerem a possibilidade de que os gênios originem certos tipos de câncer, dado que esse é um tumor desordenado que produz dentro do corpo o que podemos descrever como a anarquia celular. Talvez alguns gênios se tenham instalado nessa parte do corpo e destruam sua estrutura celular. Mesmo que a ciência ainda não aceite a existência dos seres invisíveis e continue restrita ao mundo material, pensamos que merece a pena considerar a possibilidade de que os seres maléficos cumpram algum papel nas doenças mentais tais como a esquizofrenia. Constantemente, ouvimos sobre casos em que aqueles que sofrem de enfermidades mentais – da epilepsia até o câncer – conseguem se recuperar recitando certas orações.

Tais casos são sérios e significativos e não deveriam ser negados ou rechaçados simplesmente atribuindo-os à impressão ou autossugestão. Quando a ciência finalmente aceitar a existência do mundo metafísico e a influência de forças metafísicas, seus médicos serão capazes de eliminar muitas obstruções, bem como realizar maiores avanços e cometer menos erros. [...] O emprego dos gênios e diabos pela humanidade: certo dia nós os teremos para muitos empregos, sobretudo nas comunicações. É bastante provável que também sejam empregados em assuntos de segurança, na mineração e na metalurgia, ou até em estudos especiais e investigações históricas. Pelo fato de os gênios conseguirem viver aproximadamente mil anos, eles poderão ser úteis no estabelecimento de feitos históricos.

À parte qualquer doutrina religiosa, a Ciência aparenta ter expandido seus interesses para além do mundo puramente material desde a descoberta da energia, pelo menos. Câncer como enfermidade mental está longe de ser uma ideia unânime (quer entre oncologistas, quer entre muçulmanos). Não está clara a razão pela qual, até hoje, os gênios venham se abstendo da realização de atos notáveis – ou por que, se os executam, não nos dão a conhecê-los. Tampouco é evidente a quem interessariam feitos históricos realizados por eles: se Deus, os homens ou os próprios gênios, nos três casos por pretextos igualmente incognoscíveis.

A religiosidade de Maher Musleh é, *para ele*, indissociável do islamismo. "Para ele" é importante, porque, ao mesmo tempo em que abraça princípios de outras crenças, sente-se desobrigado de certos ritos do próprio Islã, em um acomodamento muito particular entre fé e autodeterminação. É razoável supor que seu arranjo de doutrina com autonomia não obteria a aprovação consensual de líderes muçulmanos. "O jejum no ramadã eu não faço. Uma coisa de que eu não preciso é passar fome para compreender a necessidade humana. Valorizo o alimento e a comida ocupa um lugar muito equilibrado na minha vida. Estou em outro momento, fiquei muitos anos passando fome, mas muitos mesmo. Tive longos períodos de ramadã na guerra." Cinco orações diárias? "Eu separo leis humanas e leis divinas. Algumas coisas entram na religião como concepção: você parar pelo menos cinco vezes para se lembrar de Deus é nobre. Tenho aversão a rituais, mas está gravado na minha mente dizer 'obrigado'. Acho que às vezes até passa de cinco, porque toda vez que atendo uma pessoa e vejo a busca, os resultados dela, eu agradeço a Deus pela inspiração, pela ajuda, por permitir que a pessoa se aprimore. Não viro para Meca, viro para cima. E agradeço." Em peregrinação a Meca ele ainda não foi e, quanto à caridade, é uma atitude tão frequente quanto antiga. "Contribuo com algumas entidades, faço trabalho social em várias instituições e aqui no consultório, com pessoas que não têm como pagar. Tem formas de caridade que prefiro. Para mim, a mais simplista é esta de dar dinheiro."

～

O Islã se sustenta sobre onze pilares: seis de fé e cinco de prática. Os pilares de fé são as crenças que o muçulmano deve ter no Deus único, criador de tudo; nos anjos (seres de luz, sem alma, que se alimentam de cheiros adocicados e executam missões divinas. Cada crente tem 370 anjos responsáveis por sua vida); nas escrituras sagradas reveladas a Muhammad (o Alcorão), Moisés (a Torá), Jesus (o Evangelho), Davi (os Salmos) e Abraão (os Manuscritos); nos profetas (25 são citados pelo nome no Alcorão, entre eles Noé, Abraão, Moisés e Jesus); na vida depois da morte (o renascimento no paraíso ou a danação no inferno, por toda a eternidade); e na predestinação – no momento da criação, Deus escreve a história completa: quando o indivíduo vai nascer, como será sua vida, quando vai morrer e para onde vai depois. O destino previamente estabelecido não desobriga o crente de dar o melhor de si em todas as ocasiões, pois a entrada no paraíso ou o envio para o inferno são informações que o clemente tem, mas o crente ignora. A escolha do caminho é responsabilidade exclusiva de cada um; Deus não interfere nas decisões humanas.

Já os pilares da prática podem ser citados conforme a ordem de revelação, seguindo uma escala de importância ou de acordo com a época da vida em que ocorrem – é por isso que nem sempre são referidos da mesma maneira, especialmente o terceiro e o quarto. A proclamação, ou testemunho (*shahada*), é a primeira em todos os casos, seguida das cinco orações diárias (*salat*). A caridade purificadora (*zakat*) e o jejum (*ramadã*) se alternam conforme o critério adotado pelo autor. A peregrinação ritual a Meca (*hajj*) é sempre o último pilar.

A caridade, suas regras de coleta e de distribuição foram instituídas pelo próprio Muhammad, em 2 a.H., seguindo a mesma lógica islâmica que tanto orgulho dá aos muçulmanos. O *zakat* se diferencia da *sadaqa*, a caridade voluntária, por ser uma obrigação religiosa, e é mais um termo árabe sem tradução exata em português, por significar ao mesmo tempo esmola, crescer ou aumentar e purificação. O fato é que, tanto antes como depois do mensageiro, houve pobres e há ricos. O Islã não explica nem justifica a diferença (desventura não é castigo divino); tampouco espera conformismo diante da desigualdade (não é dos miseráveis o reino dos céus). Em seu infinito pragmatismo, a religião enfrenta a questão e determina:

os fiéis devem repartir o que possuem para minimizar a discrepância. Quem doa se eleva, quem recebe se conforta, e a própria crença sai fortalecida pela coerência de sua dupla atuação nos planos individual e coletivo da vida. Quanto, quando, para quem e como doar estão indicados com o nível típico de detalhamento. Claro.

As categorias originalmente envolvidas no cálculo da doação eram ouro, a partir de 85 gramas; prata, acima de 595; dinheiro de comércio; rebanhos bovinos, de carneiros e camelos; produção agrícola de grãos e frutos. O recolhimento era anual nos três primeiros itens e conforme o ciclo da safra, no último. Embora atualmente outras posses componham a riqueza, consolidaram-se a periodicidade, o percentual e o perfil do doador: muçulmanos e muçulmanas livres e mentalmente saudáveis; cuja condição financeira tenha se mantido estável por um ano; que não possuam dívidas; cujas famílias estejam plenamente assistidas. Isso quer dizer que a esmola é calculada sobre o que resta da riqueza que não perdeu valor em 12 meses, depois de quitados todos os débitos e atendidas as necessidades familiares. Em um primeiro cálculo, 2,5% do saldo pode parecer pouco, mas o islamismo ressalva: o valor é calculado sobre o *patrimônio*, não sobre a renda. A diferença pode ser grande, se for tomada como exemplo a legislação tributária brasileira para pessoas físicas. Uma casa de R$ 100 mil é declarada no imposto de renda como bem adquirido e é livre de taxação, pois o contribuinte já pagou imposto quando recebeu o dinheiro que lhe permitiu comprar o imóvel. Na venda, com ou sem lucro, o indivíduo também não paga imposto, se aquele for seu único imóvel. Islamicamente, o proprietário pagaria uma vez ao ano 2,5% sobre o valor da casa; o preço do imóvel permanecendo estável, seriam R$ 2.500 anuais – em tese, o bastante para a aquisição de uma segunda propriedade, em 40 anos.

Em um segundo cálculo, as figuras podem ser muito diferentes. O *zakat* é pago sobre o patrimônio que não tenha sofrido diminuição – portanto, a casa que sofreu desvalorização está isenta (assim como o terreno, o carro, as ações). "Necessidades da família" também é um conceito subjetivo. Por fim, o muçulmano que ao longo do ano tenha gasto mais do que ganhou, por prazer ou obrigação, não precisa doar nada: afinal, ele empobreceu. No plano individual, a simples consciência religiosa deve bastar para impedir tais expedientes, enquanto seguidores de outras crenças, vivendo em país islâmico, não pagam *zakat*. No plano coletivo, prover é uma obrigação governamental, como ensina "O Estado islâmico e sua organização", do carioca Sami Armed Isbelle: entre as classes que têm direito à proteção social por parte do Estado, contam-se os pobres, os necessitados (o autor não explica o que diferencia um grupo do outro), os endividados, viajantes, órfãos, deficientes físicos e as viúvas. Havendo condições, explicou o intérprete Al-Sharif, o ideal é agir como o sultão de Brunei, que fornece à população moradia, saúde, ensino, transporte e lazer. Segurança pública não está na lista; em uma tal sociedade, os índices de criminalidade não justificam.

Obrigar à circulação do dinheiro é a maneira islâmica de lembrar aos crentes que os bens materiais, como todo o resto, não pertencem a eles, mas a Deus. Aos seres humanos é concedido acesso à riqueza, é dada a possibilidade de fruição, mas o indivíduo não *possui* nada. Nos Estados islâmicos, o pagamento é coletado por agentes oficiais e centralizado nas mesquitas, que fazem a distribuição. No Brasil isso também é possível, mas o pequeno número de templos e a grande área por onde estão espalhados os muçulmanos tornam prática comum, também, que cada indivíduo ajude quem está mais próximo – seguindo, naturalmente, a hierarquia estabelecida pelo Alcorão.

No topo da lista de beneficiários estão os muçulmanos pobres, que não podem trabalhar ou que não conseguem emprego. A seguir vêm os que trabalham, mas não ganham o suficiente para manter dignamente a família. Em um Estado islâmico, o terceiro grupo é formado pelos coletores das doações, cujo salário sai do valor arrecadado; nos demais países, os terceiros beneficiados são os seguidores de outras crenças que simpatizam com o Islã e os recém-convertidos que, em razão da nova fé, tenham perdido o emprego ou sido prejudicados de qualquer outra forma. Em seguida está a compra da liberdade dos escravos, um conceito que sob a interpretação contemporânea inclui prisioneiros de guerra. O seguinte na lista de recebedores é o muçulmano em débito, desde que tenha se endividado por razões legítimas. No penúltimo lugar figuram as obras religiosas, sociais e de comunicação: o dinheiro da esmola pode servir para erguer escolas, hospitais, mesquitas e bibliotecas; para custear bolsas de estudo; e em atividades de divulgação do Islã. No fim estão os muçulmanos longe de casa que, por uma razão legítima, tenham ficado sem os recursos necessários para voltar.

Al-Sharif contou que uma esposa rica pode pagar o *zakat* ao marido pobre, mas a situação inversa é proibida. "Por quê? Ora, porque o dinheiro do homem já é da mulher. Então ele não vai pagar para ela, com o dinheiro dela, um valor que já é dela!" Isso, claro, entre casais muçulmanos em que a religião se sobrepõe aos costumes locais. Entretanto, nas diversas sociedades em que a cultura social se impôs sobre a tradição de fé, é comum que as mulheres simplesmente não tenham *acesso* ao dinheiro que pela doutrina lhes pertence. Mas então, como em tantas outras coisas, a culpa é do homem que deturpou a orientação divina. O princípio islâmico puro, tal como revelado, visa ao bem individual e à justiça social; se a aplicação é imprecisa ou francamente errada, a culpa não pode ser atribuída à crença. A segunda proibição é executar caridade ritual em favor daqueles que se tem a obrigação de sustentar: um filho não paga *zakat* aos pais, nem podem os pais doar esmola às próprias crianças. Além disso, é obrigatório que o valor seja distribuído na região em que foi coletado, para que o doador veja o resultado, o recebedor saiba de onde veio e a microrregião prospere. Impostos, taxas e tributos recolhidos por determinação de leis civis não substituem a contribuição religiosa.

À parte o universo financeiro, a noção de caridade é bastante mais ampla, abarcando, conforme ensina o *hadice* número 25, desde pronunciar "Glorificado seja Deus" até fazer e exigir o cumprimento do que é certo, abster-se e impedir o que é errado e, pasme, manter relações sexuais. Um contemporâneo do profeta, mal podendo crer em seus ouvidos, interpelou Muhammad: "Ó Mensageiro de Deus, um indivíduo que satisfaça seu desejo também é merecedor de recompensa?". Respondeu-lhe Muhammad: "Porventura, se o tivesse satisfeito de modo ilícito, não teria cometido uma falta? Do mesmo modo, será recompensado quando o satisfizer de modo legítimo". A leitores afoitos por praticar caridade carnal, cumpre esclarecer que a cópula legítima é aquela realizada com parceiro do sexo oposto e depois do casamento. Exclusivamente.

Samira Zenni é solteira e tem restrições pessoais quanto às modalidades alternativas de caridade. Embora concorde com a prática do Bem como princípio, a malícia nacional leva a jornalista a um estado de desconfiança. "É um assunto delicado. Acredito que a gente tenha que ajudar o próximo, mas o jeitinho brasileiro me incomoda demais. Como saber que a pessoa comprovadamente precisa? Você não sabe se ela está se aproveitando da sua boa vontade. Porque é muito difícil você pegar um balde e uma vassoura, é mais fácil dizer que precisa e pedir." Aos sábados, ela às vezes ajuda o irmão comerciante. Algumas pessoas param em frente à loja, reclamam de fome, pedem comida ou dinheiro. Com a severidade de quem se levanta de madrugada e cruza a cidade até o próprio emprego, ela contrapropõe: " 'Eu não vou te dar, você varre o chão aqui e eu te pago pelo dia de trabalho.' A pessoa sai xingando".

Mustafá Goktepe está atarefadíssimo. Voltou há pouco de viagem; organiza a recepção a uma delegação estrangeira; ajuda um colega na preparação do curso de língua e cultura turcas que será ministrado na PUC dentro de poucas semanas; planeja a viagem seguinte; recebe ligações e mais ligações de solidariedade: no dia anterior, conterrâneos haviam sido mortos por Israel no ataque ao navio que levava ajuda a Gaza. Surpreendi-me que tenha mantido a entrevista em meio ao turbilhão, mas ele recusa o mérito individual e transfere ao DNA do povo a generosidade com que me recebeu. Perguntado sobre o *zakat*, abana a cabeça. "Isso para quem tem condições bem determinadas. Meu caso não, porque seria no mínimo carro próprio, casa própria, uma renda fixa boa, um pouco de dinheiro guardado e não tenho quase nada desses!", ri, sem um traço de autopiedade. "Mas não é limitado só isso, o profeta disse que o simples sorriso para alguém já é uma caridade. Procuro fazer, não simplesmente dar dinheiro para um menino na rua, mas ajudar o outro de qualquer forma." Como receber repórter em um dia muito corrido? "Sim, também isso, por exemplo!"

Na Grande São Paulo, o pilar islâmico beneficia um número bem maior de pessoas. Em 2005, o juiz federal Ali Mazloum reuniu vereadores e membros anônimos da sociedade civil (entre eles o marido da professora venezuelana Mitel) em uma campanha de distribuição de cestas básicas. A iniciativa amadureceu e se transformou na ação comunitária Amigos do Islam, que oferece bolsas de estudo, patrocina a tradução e produção de livros e, uma vez por ano, promove encontros sobre saúde, educação e trabalho para a população carente de Guarulhos. Ao longo de quatro sábados, jovens e adultos são atendidos por uma equipe do Poupatempo, passam por consultas odontológicas e oftalmológicas, recebem orientações de higiene e alimentação e ainda têm aulas de redação, informática, espanhol, inglês e artesanato. A venda de chinelos com miçanga e toalhinhas bordadas já é fonte complementar de renda entre as famílias dos primeiros participantes, diz o magistrado. Os trabalhos começam com oração e lanche de boas-vindas (sem presunto). Mazloum, denunciado pelo Ministério Público Federal em 2003 por formação de quadrilha e venda de sentenças judiciais, tem orgulho do projeto e reitera inúmeras vezes a lisura financeira da entidade. "Aqui não tem dinheiro de governo, porque sempre tem desvio e corrupção. Quem sustenta isso somos eu, meus irmãos, minha família. Nada de governo, nada de dinheiro público." Ele é mais que o mentor do Amigos do Islam – é mestre de cerimônias, líder da reza e animador da plateia. Dá conselhos como "ignorem os pessimistas" e usa sapos escaladores em suas fábulas de autossuperação, enquanto projeta na grande tela o acrônimo ORAR: Objetivo, Recursos, Ação (prática), Repetição (perseverar). O segundo andar do imóvel abriga a mesquita da qual Khaled Taky El Din é xeique. No quadro de avisos, um extrato emitido pelo Bradesco Empresas delata o saldo negativo do Amigos do Islam em conta corrente. No alfinete ao lado, um demonstrativo de despesas relaciona: "Aluguel do sheikh – R$ 900". A entidade *aluga* o tempo do xeique, remunera o religioso a cada comparecimento à mesquita? "Claro que não", responde o juiz. "Nós pagamos o aluguel da casa onde ele mora com a família, aqui em Guarulhos." Torço para que a caridade islâmica inclua o perdão às perguntas idiotas. Vou à sacada fumar e encontro a esposa de Mazloum, de *hijab* e avental. Em minutos ela voltaria à cozinha, estava fumando em um raro intervalo. O Alcorão proíbe o álcool, mas não o tabaco, esclarece. Afasto a cadeira que impede seu acesso ao cinzeiro e dias depois descubro que foi uma caridade profeticamente endossada. Informa o *hadice* número 26: "Em todos os dias da vida, as falanges do ser humano devem proceder a uma caridade. Por isso, o estabelecer-se a justiça entre duas pessoas é uma caridade. Ajudarmos um homem a subir em sua montaria ou carregarmos o seu equipamento nela é também uma caridade; a boa palavra é uma caridade, e cada passo que dermos no sentido da oração é uma caridade; mais ainda, o retirar-se o empecilho do caminho é também uma caridade."

Críticos do Islã denunciam as hipocrisias de uma religião que nem sempre segue o que prega. Enquanto defendem retoricamente a justiça social, e cobram dos cidadãos a redução das desigualdades econômicas, os líderes de nações islâmicas não foram capazes de promover, por exemplo, uma só reforma agrária. Além disso, a crença que protege e defende os próprios seguidores foi conivente com a escravidão – barbárie que sobreviveu até 1962 na Arábia Saudita e até 1980 (mil novecentos e oitenta!) no Máli. A reação dos fiéis é homogênea e a culpa recai sobre os suspeitos de sempre: a cultura local, as falhas humanas, a deturpação de uma ordem intrinsecamente boa, o afastamento dos fundamentos religiosos a que o mundo moderno empurrou tantas sociedades. Os entrevistados lamentam, mas não dão a perceber vergonha ou arrependimento. Cada pessoa é responsável pelo que faz, diz o islamismo. O mesmo raciocínio que rejeita o pecado original, porque um indivíduo não pode ser responsabilizado pelo deslize de outro, livra os muçulmanos de dividirem a culpa pelo erro de seus irmãos de fé.

O quinto pilar da prática islâmica é a peregrinação a Meca, que deve ser feita no mínimo uma vez na vida por toda muçulmana e todo muçulmano em condições físicas, mentais e financeiras de realizar a viagem. O complexo ritual leva cinco dias e inclui caminhadas, vigílias e muita oração. Começa cerca de três meses depois do início do jejum. Antes de partir, o fiel deve quitar todas as dívidas e deixar aos familiares suprimentos e recursos suficientes para que sobrevivam, no mesmo padrão, durante sua ausência. O peregrino precisa também substituir as roupas habituais por duas peças brancas e sem costura, as quais, simbolicamente, igualam todos os muçulmanos perante Deus. Na década de 1920, cerca de 50 mil fiéis ao ano viajavam até Meca. Em 2007, a cidade recebeu dois milhões de pessoas, o que dá crédito ao aposto de "a maior assembleia humana sobre a Terra", verdadeiro bordão da literatura islâmica. O xeique Samy Alboraiy, no entanto, sorri com complacência e descarta o número. "São mais ou menos quatro milhões e meio", explica o intérprete Al-Sharif também achando graça do valor subestimado. "E a quantidade ainda é pequena pelos requisitantes. De acordo com a capacidade de receber, a Arábia Saudita limita. Se tivesse capacidade para mais pessoas, haveria ainda muito mais." E, para que não restem dúvidas sobre a veracidade do que diz, conta o que ocorre no país natal de ambos: "Lá no Egito fazem sorteio, de tanta gente que quer ir. Com regras, claro. Aquele que foi uma vez está fora da disputa". Na Indonésia, o país com a maior população islâmica do mundo (com 36 milhões de muçulmanos a mais que o segundo colocado, o Paquistão), pode-se ganhar uma viagem a Meca em programas de TV como Titian Dahi (À procura da nova estrela), um *show* de variedades em que os calouros recitam versículos do Alcorão diante do júri.

Os pais de Samira, que não estão sujeitos a vexame em cadeia nacional nem a restrições pelo governo do Brasil, já fizeram a peregrinação três vezes. Ela mesma bem que tentou, mas não conseguiu: regras religiosas vetam a entrada na cidade de seguidores de outras religiões e também de moças desacompanhadas, ainda que sejam muçulmanas. Por outro lado, e um tanto ironicamente, mulheres acompanhadas de muçulmanos são automaticamente tomadas por muçulmanas, o que possibilitou a Maria Damasceno, uma brasileira cristã, entrar. Há quatro anos ela se casou com um engenheiro sunita e desde então mora em Riad. O marido, que ela considera moderadamente religioso, fez a peregrinação diversas vezes, em família, e levou-a recentemente. "Foi uma experiência única. A mesquita é impressionante e a energia lá é incrível! Se tivesse oportunidade, gostaria muito de voltar", ela contou, por *e-mail*, de sua casa na capital da Arábia Saudita. "Uma amiga minha que se considera cristã entrou com o marido saudita na mesma situação. Acho a proibição questionável. Seria legal se todos pudessem ver e sentir Meca, muita gente se sentiria tocada pela energia do local, mesmo não sendo da religião. Mas entendo que, além do fator religioso, tem também o da segurança, e o fato de que em certas épocas do ano Meca fica tão lotada que não haveria lugar para mais turistas. Muçulmanos de todas as nacionalidades podem entrar obtendo o visto, e vem gente de todo canto do mundo durante o *hajj*."

A partir do momento em que chegam a Meca, muçulmanas casadas e muçulmanos de qualquer estado civil entram em processo de purificação. Ficam proibidos de ter relações sexuais, brigar ou mesmo discutir, matar qualquer animal e cortar uma só árvore que seja. Circungirar sete vezes o grande cubo preto é o ponto alto da semana. A construção teria sido originalmente erguida por Adão, já com o propósito de venerar Deus, e em sua primeira configuração media sete metros de altura, 23 de comprimento, 17 de largura e não possuía porta nem teto. A Caaba foi destruída cinco vezes e a construção atual, de pé desde o ano 697 (74 a.H), tem 15 metros de altura, 12 de comprimento, 10,3 de largura. Abriga um meteorito escuro, de cerca de um metro de circunferência e peso ignorado que, de tanto ser alisado, ganhou, primeiro, um lustro; depois, um buraco; em seguida, um tecido protetor; por fim, o descanso: já não é permitido tocar a pedra. A Caaba de hoje em dia também difere das anteriores por ter uma porta a dois metros do chão (por onde se enxerga o meteorito que, distante das suplicantes mãos, pôde ser descoberto) e um teto – sobre o qual, afirma a literatura islâmica, nenhum pássaro jamais pousou. Conta-se que as aves nem mesmo voam *por cima* da Caaba, em imitação inconsciente do espaço aéreo da cidade inteira de Meca, fechado a todos os tipos de voo.

O versículo 97 da terceira surata do Alcorão determina o *hajj*, mas não menciona o benefício colateral da viagem. Cumpri-la equivale a nascer de novo, posto que o ritual elimina os pecados cometidos até ali e entrega o crente de volta à sua rotina zerado de todo erro. No catolicismo também é possível apagar os pecados tomando parte em uma procissão, com algumas diferenças fundamentais: a hipótese de perdão foi decidida pelo papa Bento XVI; só vale em Cuba; teve vigência apenas em 2010; celebra o 400º aniversário do encontro da imagem de Nossa Senhora da Caridade do Cobre, padroeira da ilha.

Independentemente da crença, o turismo religioso vem crescendo em diversos países, informou a edição de abril de 2008 da revista National Geographic Brasil. Judeus ortodoxos visitam a sepultura de um rabino, na Ucrânia; budistas e hindus circungiram o Monte Kailas, na China; cristãos vão conhecer o Vaticano. Apesar de muitas vezes existir um interesse secundário (turismo gastronômico, arqueológico ou musical), grande parte dos visitantes tem propósitos espirituais ao buscar locais sagrados. O que segrega Meca é ser o único a restringir o acesso aos crentes do Islã. Uma medida facilmente qualificada como extremista que não tem nem mesmo o mérito de ser cumprida à risca – certamente Maria e sua amiga não foram as únicas a entrar, embora o caso de ambas tenha passado incólume. Outros não tiveram o mesmo resultado. O time árabe de futebol Al-Ansar sofreu penalidades duríssimas em 2006, quando hospedou na cidade três jogadores, um técnico e um preparador brasileiros. A equipe foi acordada no meio da noite pela polícia religiosa, que exigiu a saída imediata do quinteto herege. O chefe da delegação, muçulmano, foi preso; o secretário, muçulmano, foi deportado; o presidente do clube, muçulmano, foi afastado; o time, rebaixado.

O psicólogo Maher Musleh defende a tradição de tolerância da cultura árabe-muçulmana contrapondo a Península Ibérica do passado à África contemporânea. "Os árabes ficaram no Velho Continente convivendo com judeus e cristãos, tinha sinagoga ao lado de igreja e mesquita. Se os muçulmanos fossem violentos, a Europa toda, hoje, falaria árabe. Quando os franceses estiveram na Argélia, proibiram os argelinos de falar árabe." Desde a independência, no início da década de 1960, a Argélia voltou a ter o árabe como idioma oficial, ao lado do francês e de línguas berberes. "O Ocidente", desafia Maher, "se for falar de violência, tem que recuperar o que os saxões fizeram em Ruanda e na África do Sul. Eu quero saber que império islâmico fez qualquer coisa semelhante". Ele identifica a ordem de acontecimentos que põe a perder as premissas de paz. "O problema é que você tem conceitos culturais, às vezes ditos populares, que viram conceito social e depois ordem divina. E, quando vira ordem divina, já era." No mundo todo, a condição feminina é marcada pela transformação de ideia humana em ordem divina. Em muitos países de maioria islâmica, sexualidade e trabalho são grandes representantes do "já era", seja como dever, seja como proibição.

Muçulmanas trabalham por necessidade ou desejo; muçulmanos, também por obrigação. Para ambos os sexos o islamismo rejeita a existência monástica e improdutiva – um crente não pode consagrar sua vida à religião e esperar que a sociedade o mantenha. Além de viver à custa do grupo, é proibido exercer atividades ligadas a álcool, porco, sexo e jogo. Respeitadas essas premissas, as relações de trabalho são tão variadas quanto o próprio mundo muçulmano, como se pode comprovar no documentário do velejador, pintor e cineasta francês Titouan Lamazou, nomeado Artista da Paz pela Unesco. Em 2007, ele lançou "Mulheres do Planeta" – filme, livro e exposição itinerante de sua pesquisa de seis anos sobre a condição feminina contemporânea. As 54 entrevistas realizadas em 15 países trouxeram à luz retratos que se encaixam em todas as molduras adjetivas: animadores e aterrorizantes, belos e deprimentes, inspiradores, surpreendentes, violentos. A íntegra da obra está disponível no *site* do artista, titouanlamazou.com. Escolhi dez perfis de muçulmanas para exemplificar a diversidade de suas condições de vida.

A ginecologista palestina Azza conta que, uma década atrás, somente 20% das mulheres usavam véu em Gaza, mas que agora são 100% ou quase isso – ela sendo parte da minoria que, a caminho do trabalho, é alvo de xingamentos e pedradas e, à noite, não sai de casa por medo dos grupos de extermínio que matam moças sem o *hijab*. Bibi vem de família rica e esclarecida, estudou na Europa e há 20 anos trabalha com moda em Daca; a estilista de Bangladesh, que não usa véu, garante o sustento de aldeias inteiras, ao longo do ano todo, ao comprar deles quilômetros e quilômetros de tecidos. Dayu não usa véu nem trabalha, pois é princesa em Bali – a única ilha budista das mais de 13.600 que formam o arquipélago indonésio. Na fronteira da Mauritânia com a Argélia e o Marrocos, Fatis, formada em eletromecânica, enrola as pontas do lenço para trás para consertar máquinas enormes e ruidosas que destroçam montanhas e cospem pó de ferro. Irma, apresentadora indonésia de *talkshow* e militante pelos direitos das mulheres e das crianças, mantém os cabelos à mostra mesmo quando recebe autoridades em seu programa de TV. Kobra usa o véu por medo do Talibã, que impediu as mulheres de trabalhar, embora o duvidoso privilégio não se aplique às zonas rurais do Afeganistão, onde a fome demanda e a agricultura absorve todas as mãos disponíveis. Marina também é afegã e também usa *hijab*, mas não teme a polícia religiosa: casou-se e teve uma filha com um soldado do Talibã, hoje preso em Guantánamo. Salka é uma empreendedora da Mauritânia na área de limpeza urbana; o véu não a impede de dirigir a própria picape, apesar de limitar um pouco os movimentos necessários à coleta do lixo dos clientes. Shakiba, intérprete de Lamazou durante as filmagens, mora em Cabul, tinha 16 anos quando o Talibã foi derrotado e, sem véu, fez o anúncio da queda na emissora local de televisão. As gêmeas mauritanas Soya e Awa são filhas de líder religioso, não usam véu e trabalham com prevenção à Aids neste país famoso no mundo islâmico por respeitar as mulheres.

Na política, a participação feminina é mais restrita. Benazir Bhutto foi a primeira mulher a liderar um país muçulmano na história recente, como primeira-ministra do Paquistão de 1988 a 1990 e de novo entre 1993 e 1996. Em seu segundo mandato, foi contemporânea da economista Tansu Çiller, primeira-ministra da Turquia. No continente africano, coube à Libéria, país em que 20% da população é muçulmana, a primeira eleição de uma mulher como chefe de Estado, em 2005: Ellen Johnson-Sirleaf. Hasina Wazed foi primeira-ministra de Bangladesh de 1996 a 2001, cargo que retomou em janeiro de 2009. Em outros países islâmicos, como a Arábia Saudita, as mulheres nem votar podem, ainda. Mas tem havido progresso na região. Em 2002, o Bahrein se tornou o primeiro país do Golfo Pérsico a garantir às mulheres o direito de eleger candidatos e, mais recentemente, também o Kuwait (2005) e o Qatar (2007) acolheram a participação feminina no eleitorado. No Brasil, a participação feminina nas eleições foi conquistada em 1932; na Nova Zelândia, o primeiro país do mundo a ter eleitoras, em 1893.

A relação das mulheres com a política foi justamente uma das questões que o Instituto Gallup pesquisou em seu estudo de 2007 envolvendo 35 países islâmicos. Em dezenas de milhares de entrevistas pessoais, muçulmanas e muçulmanos foram questionados sobre uma variedade de temas, desde fatos já consagrados até hipóteses aparentemente longínquas. Mulheres devem/deveriam poder votar? Disseram que sim 93% dos turcos, 90% dos bengaleses, 89% dos iranianos, 80% dos indonésios, 76% dos jordanianos, 67% dos paquistaneses e 56% dos sauditas. Poder ter qualquer trabalho fora de casa deve/deveria ser um direito feminino para 86% dos turcos, 85% dos egípcios, 82% dos marroquinos, 79% dos iranianos, 75% dos bengaleses, 69% dos sauditas, 62% dos paquistaneses e 61% dos jordanianos. Elas devem/deveriam ter os mesmos direitos que os homens? O "sim" obteve 90% das respostas na Indonésia e Turquia, no Líbano e em Bangladesh; 85% no Irã, 77% no Paquistão, 61% na Arábia Saudita e 57% no Egito e na Jordânia.

Alguns talvez se surpreendam ao saber que muitos respondentes *contrários* ao nivelamento de direitos são mulheres. Elas compreendem, talvez melhor que os homens, os casos em que a igualdade representaria perdas, não vantagens. A divisão da herança é o exemplo clássico. Filhas recebem metade do que cabe aos filhos. O que à primeira vista parece simples discriminação é na verdade uma contrapartida para o fato de que elas, ao contrário deles, jamais serão responsáveis pela própria subsistência. Os rapazes, além de terem que sustentar a si mesmos e às próprias famílias, devem estar preparados para a eventualidade de terem de assumir, também, a mãe e todas as irmãs solteiras. Assim explicam os analistas do estudo a resistência feminina a ter os mesmos direitos dos homens: no fim das contas, perder o sustento vitalício em troca de um pouco mais de dinheiro é uma compensação francamente desfavorável às mulheres.

Na pesquisa do Instituto Gallup, os homens contrários à isonomia alegam que, desobrigadas de responsabilidades financeiras, as mulheres recebem uma parte até grande demais. Talvez o cerne da questão não seja a obrigatoriedade ou dispensa do trabalho nem a partilha do patrimônio familiar – e sim *quem* decide sobre esse tipo de assunto. E se as próprias interessadas pudessem escolher entre desistir da carreira, sendo mantidas por um homem, e receber uma herança menor, sendo obrigadas a trabalhar? Samy Alboraiy argumenta que cada gênero deveria manter-se em seu "ambiente natural". Vertendo para o português o que defendeu o xeique da Mesquita do Brasil, Al-Sharif disse: "A mulher trabalhando fora de casa intenta ser um homem e perde sua identidade. A família se desagrega, os filhos vão em creches e internatos. É uma violência contra a natureza e a cultura. Destrói a casa, centro de paz e segurança." A prova de que lugar de mulher é em casa estaria na própria constituição dos sexos: o homem é fisicamente mais forte, sinal irrefutável de seu preparo para enfrentar os perigos da vida lá fora; ao mesmo tempo, a menstruação e o resguardo pós-parto obrigam a mulher a recolher-se da vida pública – pistas suficientes de seu alegado pertencimento ao mundo interior. Numa religião que não separa vida privada de pública, as palavras de Muhammad endossam a limitação feminina para os temas de além-lar. Ele descreveu as mulheres como "as que não podem cumprir as obrigações religiosas em sua totalidade e não podem compreender algumas delas".

Yasmin e Aziza, as primas entrevistadas na Escola Islâmica Brasileira, têm sentimentos contraditórios sobre muçulmanas que exercem atividade profissional remunerada. Por um lado, acham "mais bacana" quando a mulher não trabalha fora, como as mães de ambas. Ainda assim, uma quer ser pediatra e a outra, nutricionista. "Eu quero ter meu próprio dinheiro", diz a primeira, "e não ficar pedindo para o meu marido", completa a segunda. Será que eles vão permitir que elas tenham suas carreiras? "Se ele não deixar, eu não caso." "Nem eu." *Inshallah*, tenham um esposo como o de Jucimara Prestes Matos, que não precisou negociar com Essam a manutenção de sua carreira. Ela já trabalhava quando eles se conheceram e simplesmente não parou. Na verdade, até diversificou suas atividades – hoje, além de inspetora de alunos na EIB, ela às vezes também faz "bicos". Estende para a diretora da escola frascos e frascos de perfume importado enquanto me explica, rindo da própria peraltice, que quem vende é o marido, mas ela surrupia alguns, de vez em quando, "para faturar algum por fora". Givenchy feminino, Calvin Klein masculino, os produtos parecem comuns, regulares de linha. Ou seja, com álcool, a maléfica e proibida substância que, a rigor, não pode entrar em contato com um muçulmano nem goela abaixo nem pele adentro.

Em 2007, Layla Mandi se converteu ao Islã e viu-se no dilema de seguir um preceito islâmico e abandonar os cuidados com a aparência ou mantê-los, desrespeitando uma norma fundamental da religião recém-abraçada. Observando a composição dos produtos de beleza, a ex-maquiadora canadense notou a presença de álcool ou derivados de porco em quase tudo que usava em seu embelezamento diário: perfumes, adstringentes, maquiagem. Dois anos depois, seu empreendedorismo movido a fé levou à fundação da OnePure, alegadamente a primeira indústria cosmética dirigida a mulheres muçulmanas. Ela obteve o selo de aprovação islâmica a produtos como espuma de limpeza, tônico, hidratantes variados e cremes para embranquecer (não *clarear* pela remoção de cravos ou manchas, mas *embranquecer*, lê-se no onepureonline.com). "Beleza e religião não precisam ser um conflito", anuncia o *site*. "Toda a nossa cadeia produtiva está em conformidade com a xaria." Muçulmanas brasileiras podem fazer suas encomendas *online* e receber os produtos por correio. Compras pessoais, por enquanto, só nos voos da Saudi Airlines e nas lojas próprias que a OnePure mantém no Egito, nos Emirados Árabes Unidos e na Arábia Saudita.

Se é fato que a OnePure é a primeira indústria cosmética islamicamente chancelada do mundo, fica a dúvida sobre como, até 2009, as muçulmanas cuidavam da saúde, higiene e beleza. Embora os dados variem segundo a fonte, ninguém discorda que o mercado da beleza, no mundo árabe, é grande. Muito grande. Na região, o maior gasto *per capita* é o da Arábia Saudita – em 2009, cada uma das 7.473.543 de sauditas entre os 15 e os 64 anos gastou teoricamente 321 dólares para se embelezar, totalizando nada menos que US$ 2,4 bilhões em cosméticos, apesar de o país nem mesmo reconhecer "cabeleireiros" como uma atividade comercial legítima. Para obter a indispensável autorização de funcionamento, os proprietários de salões de beleza são obrigados a classificar seus negócios como oficinas de costura, informou o instituto irlandês de pesquisa Diagonal Reports. O subterfúgio dos empreendedores floresce à margem da lei, amparado na vaidade feminina e nas divisas do petróleo: o país que representa quase 60% do mercado de cosméticos do Oriente Médio tem um PIB *per capita* de US$ 20.300. O segundo colocado é o Irã, com o triplo da população feminina na mesma faixa etária, uma renda média menor (PIB *per capita* de US$ 12.900) e quase o mesmo gasto: US$ 2 bilhões anuais em cosméticos.

Até se casar com um engenheiro saudita, a brasileira Maria Damasceno "olhava para as muçulmanas e pensava, 'ah, coitadinhas' ". Mas quatro anos vivendo em Riad mudaram suas percepções, como ela contou por *e-mail*. "No cotidiano, não importa o que eu vista, por cima tenho que colocar a *abaya*, é obrigatório o uso em público. Em família uso mais saias e peças discretas. Mas sempre ligada na moda, porque aqui elas curtem muito isso e dão bastante valor às roupas e acessórios." Para atender às exigências estéticas de seu novo grupo de convívio, ela se abastece nos *shopping centers* da cidade, que guardam com seus equivalentes brasileiros abundantes semelhanças e notáveis diferenças. "Na Arábia Saudita existem alguns que são *ladies only*. Isso mesmo, só para o público feminino. Todas as vendedoras são mulheres, mas não sauditas: são egípcias, sírias, filipinas, argelinas." Nem sempre o centro comercial é exclusivamente feminino, mas naqueles de frequência mista as possibilidades de trabalho, para elas, se reduzem a funções de baixa qualificação: "O único trabalho que emprega moças, normalmente indianas ou do Sri Lanka, é na faxina dos banheiros de mulheres". Ora, se elas estão relegadas à limpeza dos sanitários, isso significa que... Sim – todos os vendedores são homens. *Todos*. "Até em loja de lingeries! Imagine, comprar calcinha e sutiã com um vendedor homem! Já não seria nada confortável no Brasil, nem comum. Aqui, então..."

Se há aspectos embaraçosamente conservadores na sociedade saudita, há também campos onde sopra, esperançosa, a brisa da modernidade. O Islã permite o divórcio; lepra, loucura, eczema, cegueira, paralisia, doenças urinárias e genitais são motivos legítimos para a anulação do casamento. Ainda assim, quando o Instituto Gallup perguntou em sua pesquisa se havia alguma situação que tornava aceitável a separação conjugal, responderam que não 92% dos pesquisados de Bangladesh, mas apenas 33% dos sauditas. Entre os dois extremos figuram os moderados egípcios: o divórcio não pode ser moralmente justificado para 46%. Entre os jordanianos, bem mais liberais, apenas 27% rejeitam a separação. No país onde Maria vive agora, 55% dos homens pesquisados afirmam que uma mulher não deve ter permissão para conduzir, sozinha, um automóvel; 34% das próprias sauditas concordam. Como são proibidas de dirigir, aquelas que podem contratam um motorista particular, com quem saem sozinhas. Curiosidade intrigante, pois na Arábia Saudita uma mulher não pode sair à rua desacompanhada de um homem da família – e são raríssimos os casos em que a patroa desposa o chofer. Maria contou que "dificilmente algum policial para o casal na rua e pede documentos. Seria um constrangimento para a polícia religiosa, caso eles fossem irmãos ou casados. Que muitas têm motorista particular, é verdade e engraçado, porque é um estranho que as leva aonde necessário e geralmente mora na casa delas".

Maria Damasceno tinha 32 anos quando conheceu o marido, com quem teve uma filha, hoje com dois anos e meio, nascida no Brasil. Durante o namoro, eles se encontravam nos mais diferentes países e, quando ela não podia viajar, ele vinha visitá-la, mesmo se a estada possível fosse de apenas uma semana. Avós paternos libaneses eram sua única referência árabe. O relacionamento, previsivelmente, foi alvo de todo tipo de especulação.

As pessoas mais distantes foram as que mais questionaram o fato de ele ser muçulmano. As mais próximas já haviam percebido que isso não o fazia diferente. Um dia, um amigo da família me perguntou: 'Mas ele reza cinco vezes por dia?' Eu respondi que sim, que é um *break*, uma prece feita a Deus, que dura poucos minutos e mantém a ligação que todos deveriam ter com Ele. Se eu tivesse dito que ele bebe álcool cinco vezes por dia a reação seria de menos espanto. O médico ficou me olhando por uns segundos e ordenou as ideias: 'Puxa, é mesmo! Mas o que é que eu estou falando! É admirável! Quisera eu que meus filhos adolescentes orassem cinco vezes por dia, ao invés de aprontarem o que aprontam!' Isso é para a gente notar como as pessoas às vezes têm reações automáticas, influenciadas, sem se darem conta:

Por algum tempo, Maria precisou gerenciar o amor pelo saudita, a baixa frequência dos encontros, a incompreensão espantada dos outros e os próprios receios quanto ao futuro. Em São Paulo, ela era uma alta executiva no ramo do comércio exterior que, sem namorado ou filhos, ocupava os fins de semana com trabalho também. Aos sábados e domingos, fazia *housing* para expatriados, quer dizer, ajudava estrangeiros a se estabelecerem no país, um processo burocrático e trabalhoso que incluía encontrar moradia para a família, escola para os filhos, contratar doméstica, abrir conta em banco. Os vínculos familiares eram fortes e ela nunca desejou viver no exterior – menos ainda num país em que sua autonomia, seu valor social e estilo de vida seriam radicalmente diferentes.

Conforme a mudança ia se tornando simples questão de tempo, Maria mergulhou em leituras, estudos, conversas com o namorado. Confessa que, no começo, a "má reputação" do islamismo incomodava. "Não gostava de abordar o assunto porque a ignorância e os comentários deturpados das pessoas chegavam a me irritar, embora eu soubesse que era pura falta de conhecimento. Hoje não me incomoda mais. Acho que o mundo em geral está sendo obrigado a enxergar a diferença entre radicais, fanáticos, terroristas e pessoas que fazem o mal usando a religião *versus* muçulmanos verdadeiros e normais." Vencida a separação da própria família (ainda hoje muito dolorosa) e superado o receio da rejeição pela família dele (que a acolheu carinhosamente), Maria afirma que "as pessoas são incrivelmente serenas, totalmente tranquilas e harmoniosas. Tão diferente de certas ceias de Natal, quando a família se estapeia ali mesmo, por cima do peru". Religiosamente, foram necessários poucos acomodamentos. Ninguém a pressionou a se converter, ela deixou de comer carne de porco e de beber álcool e incorporou alguns novos ensinamentos. No âmbito social, porém, as mudanças foram mais agudas. "Aceitei novas formas de conduta", ela contou. "Aqui, não andamos num *shopping* abraçadinhos ou manifestamos carinho em público, nem mesmo na frente de familiares dele. É um comportamento mais contido, respeitando a cultura daqui." Quando estão no Brasil, porém, vale a cultura *daqui*. "Ele mantém as orações diárias, mas toma uns chopinhos gelados no verão, e eu também, socialmente. Afinal, aqui em Riad não tem essas coisas. No Brasil, visto o que quero e sou mais eu."

Outra mudança de impacto foi que, na Arábia Saudita, Maria Damasceno não trabalha fora de casa. E de nada lhe valeu a experiência na contratação de domésticas para estrangeiros. Quando precisou de uma, lá, o processo não poderia ser mais diferente. "Você precisa pleitear em uma agência de empregados domésticos e pagar uma taxa equivalente a R$ 5.000. Fora a passagem aérea, porque eles 'importam' a empregada ou o motorista. Nativas são estudadas demais para trabalho braçal, é como na Europa, não tem encanador francês ou empregada sueca, por exemplo. Aqui, as mais recomendadas são da Indonésia. Elas chegam com visto de dois anos para trabalho na sua residência, onde deverão morar, e o prazo poderá ser prorrogado. O salário é similar ao do Brasil. Na volta, quem contratou ainda paga a passagem." Maria não quis uma estranha vivendo em seu lar de recém-casada e optou por dividir uma das empregadas da sogra, pagando um extra. Ainda assim, sobra para ela algum trabalho doméstico com louças, roupa e cozinha. "Não sou madame não, viu?" E será cada vez menos, se derem certo os planos para o próximo ano. "Minha filha vai para a escola e talvez eu cogite trabalhar. Não terei dificuldades, falo pelas estrangeiras que conheço que arrumaram trabalho em empresas com facilidade."

O Estado saudita que conhecemos hoje é jovem. Estabeleceu-se só em 1927 e obteve reconhecimento internacional cinco anos mais tarde. A unificação de províncias dispersas sob um poder monárquico central coube a Abdul Aziz bin Abdur Rahman Al-Saud, falecido em 1953. Um de seus 37 filhos esteve em São Paulo em 2000. Acompanhado do então prefeito Celso Pitta, e usando por empréstimo um Rolls-Royce do ex-*playboy* Chiquinho Scarpa, sua alteza real príncipe Nawaf Bin Abdul Aziz Al-Saud inaugurou em 22 de setembro a praça no bairro do Itaim Bibi que leva o nome abreviado e sem hífen do patriarca. Até hoje, a Praça Rei Abdul Aziz Al Saud, em frente ao número 1726 da Avenida Juscelino Kubitschek, é impecavelmente conservada. A recentidade do Estado saudita aumenta a admiração de Maria pelas conquistas do país. "A Arábia Saudita é muito evoluída pelo pouco tempo que tem. Nem tanto pela riqueza que possui, nesse quesito poderia até ser muito mais. Mas começou mesmo a se desenvolver na década de 50. Enquanto minha bisavó francesa andava de metrô em Paris, aqui moravam em casas de barro ou no deserto. Parece piada, mas é verdade." Se realmente começar a trabalhar em Riad, Maria Damasceno terá mais uma adaptação a fazer – possivelmente, a mais fácil de todas. "A faixa salarial aqui não difere tanto da do Brasil, se considerarmos a equivalência", explicou. "Porém, aqui, com o mesmo montante, compramos mais que o dobro! Carros, roupas, comida, aparelhos eletrônicos... É tudo menos da metade do que aí, além de na Arábia

Saudita não ter incidência alta de imposto, é uma economia livre. Isso dá a impressão de que a população é rica. Na verdade a maioria é classe média, média alta. Só que com bem mais poder de compra."

Um muçulmano que tenha dinheiro suficiente para manter a si mesmo, a seus dependentes legais e para cumprir o *zakat* pode prescindir de um trabalho remunerado e se arriscar nos investimentos financeiros, mas jamais emprestando a juros, uma prática tão proibida quanto o consumo de carne de porco, explicou Ali Saifi. Ele é o diretor executivo do Grupo de Abate Halal, entidade que supervisiona se os animais destinados ao consumo de muçulmanos são abatidos segundo os preceitos religiosos. É o Grupo que atribui a certificação que permite aos frigoríficos e aviários nacionais vender para restaurantes islâmicos da cidade e exportar para países muçulmanos. O GAH é uma divisão do Centro de Divulgação do Islam para a América Latina, do qual Saifi é vice-presidente. Ele me recebeu em sua casa em São Bernardo, município paulista, em um sábado de julho que começou mal, muito mal.

Apesar das abundantes instruções do entrevistado, perdi-me. Por tanto tempo e tantos quilômetros que precisei abastecer. Aceitei a oferta do frentista para que calibrasse os pneus enquanto atendia ao celular um preocupado Saifi perguntando minha localização e se eu precisava de ajuda. Não, de ajuda não precisava, assegurei-lhe. "Mas onde você está?", ele insistiu. Não sem vergonha, pus a cabeça para fora e gritei ao rapaz agachado: "Por favor, que cidade é aqui?". Eu estava no *município* errado.

Encontro o endereço, afinal, e estranho que Ali Saifi não esteja à vista. Nós nos conhecemos muito rapidamente dois meses antes, na cerimônia da Assembleia Legislativa que criou o Dia do Islamismo. Pelo que podia me lembrar, nenhum daqueles raros transeuntes era Ali Saifi. Telefono e recebo novas orientações: "Continue em frente mais três quarteirões e em seguida você vira...". Peço que instrua devagar, pois não estou dirigindo; de fato, acabo de deixar o carro no estacionamento. Meu gentil entrevistado se prontifica a enviar alguém para me apanhar, poupando a mim o trabalho e a si mesmo mais tempo de espera. Entre a surpresa e o embaraço, informo que estou usando um cachecol azul, mas não pergunto o nome do motorista, o modelo do carro nem o endereço definitivo da entrevista. Mando para minha irmã um torpedo algo tenso: "Estão vindo me buscar. Achei o ponto de encontro, mas a entrevista será em outro lugar, não sei qual...". "Telefono em 20", foi a tranquilizadora resposta. Um automóvel de cor escura, metalizada, encosta. O motorista é jovem e usa uma camiseta apertada demais para seus vigorosos bíceps. Entro, agradeço, desculpo-me pelo trabalho, ele arranca em silêncio, trava as portas e leva dois quarteirões para anunciar: "Agora nós vamos te sequestrar".

Meu calor é de raiva, não de medo. Já não bastam a imagem generalizada de povo violento, a frequente associação com atos terroristas, o preconceito disseminado, a incompreensão de que se queixam, o autoflagelo às chicotadas que ganham mídia mundial, a intolerância de que são acusados, o estereótipo que tanto lhes dificulta a integração – é mesmo indispensável fazer uma graçola desse nível? "Era melhor que não", retruco, seca. Ele nota minha rudeza e tenta aliviar o clima puxando conversa. Mas tem pouco tato, o pobre, e começa um interrogatório. Para quem trabalho? Onde vai sair a matéria? Ah, vai ser livro? E quem está publicando? Em que bairro de São Paulo eu moro? Estive perdida muito tempo? Não conhecia São Bernardo? "Rapaz, você deveria ser repórter" põe fim ao papo. Só ao chegar descubro que estamos na *casa* de Ali Saifi, só ao entrar descubro que a família (esposa, três filhos) está viajando e só depois de ver a empregada de cabelo solto, Havaianas e *legging* consigo relaxar. "A Mariuti faz o melhor café árabe que já tomei, nem minha mulher faz igual", ele diz. "Marilde", ela corrige, enquanto me serve. É bem saboroso e a borra, para meu grande alívio, não incomoda. Só me faltava engasgar, tossir e manchar o sofá.

Saifi tem apenas 34 anos, mas o sobrepeso, a barba cheia e os dois cargos de nome composto levam a crer que são mais. Tem uma didática muito particular para explicar a gravidade com que a cobrança de juros é vista no islamismo. "Se você me pede dez reais emprestados e eu exigir que você me devolva doze, isso é juro. Desculpe a liberdade, mas é considerado 27 vezes pior do que a pessoa que transa com a própria mãe." Decido me concentrar no multiplicador – 27 vezes é modo de falar? "Não. Como pecado, é considerado 27 vezes pior mesmo. E 27 vezes pior que adultério também." A justificativa capitalista para a cobrança do juro é recompensar o emprestador pelo risco que ele correu ao ceder temporariamente um valor sem a garantia de recebê-lo de volta. No islamismo, o risco continua existindo e a compensação também – só precisa ser *espontânea*. "Se você pegar dez emprestados e decidir me dar doze de presente, daí não são juros. No sistema bancário islâmico, você pede um empréstimo para abrir um negócio. O banco estuda e, se aprova, entra como sócio. Você paga a dívida e uma margem do lucro. Então ele entra, ganha quando você ganha e perde quando você perde. Não é como o banco convencional, que ganha quando você ganha e ganha mais ainda quando você perde." A possibilidade de um empreendedor talvez *não querer* um banco como sócio (no caso de não desejar um parceiro, mas tão-somente o dinheiro) é ideia estranha à prática islâmica.

Nos países de maioria muçulmana, o sistema financeiro não sofreu com a crise mundial iniciada anos atrás, afirma Saifi, porque as operações se baseiam em materialidade. "Não é uma bolha mentirosa, não tem espaço para especulação." Pela separação entre comércio e serviço, e entre serviço e investimento, o islamismo busca minimizar potenciais quebras das instituições. "Quando há troca, é de moeda: você pega dez reais, devolve doze, é a mesma coisa, moeda. Agora, se pega dez reais e devolve em dólar, ou em cadeiras, já é outra coisa. Não é empréstimo, virou compra e venda. Com ação é igual, compra e venda também: você compra uma parte da empresa, vira sócio, gera emprego, coloca dinheiro no mercado. E isso é permitido." A permissão religiosa ao investimento em ações pode ser comprovada pela existência de bolsas de valores em muitos países de maioria islâmica, como, por exemplo, Arábia Saudita, Argélia, Bahrein, Bangladesh, Egito, Emirados Árabes Unidos, Indonésia, Irã, Iraque, Jordânia, Kuwait, Líbia, Malásia, Nigéria, Omã, Paquistão, Qatar, Senegal, Síria e Turquia. "O problema é só o empréstimo", continua Saifi. "Real por real, dólar por dólar, cadeira por cadeira é ok. Se você pegar duas cadeiras e devolver três, por exigência do outro, são juros. Daí não pode."

Ironicamente, a fé que mais se distancia do capitalismo ajudou a diminuir o impacto da crise sobre pelo menos uma empresa do Vietnã. "Nos primeiros dez meses de 2009, as exportações vietnamitas caíram 13,8%, em comparação com o mesmo período de 2008, segundo o Banco Mundial", noticiou a Folha de S.Paulo em janeiro de 2010. "Embora essa queda seja menor que a da maioria dos países em desenvolvimento, poderia tornar 2009 o primeiro ano com um declínio das exportações desde o início das reformas econômicas no país. A confecção Dai Viet Garment Limited, sediada em Ho Chi Minh, conseguiu sustentar seus negócios porque é especializada em fabricar o *thoub*, uma túnica masculina, para a Arábia Saudita e outros mercados do Oriente Médio. A demanda por esse traje é bastante estável, o que permitiu que a empresa mantivesse seus 500 empregados diretos, além de outros 300 terceirizados", conclui a notícia.

Em São Paulo, muçulmanos observantes têm poucas opções bancárias. Empresários que precisem de um empréstimo podem se socorrer do Arab Banking Corporation, cuja sede é quase em frente à Praça Rei Abdul Aziz Al Saud. "O Banco ABC Brasil é um banco múltiplo especializado na concessão de crédito para empresas de médio e grande porte", informa o *site*. Às pessoas físicas só resta o HSBC, "único banco instalado no Brasil com capacidade de atender às particularidades islâmicas", segundo reportagem da edição 585 da revista IstoÉ Dinheiro. O corintiano Ali Saifi, assim como o Amigos do Islam, tem conta no Bradesco, onde, em agosto de 2010, o juro do cheque especial estava em 8,41% ao mês para pessoas físicas – a décima maior taxa da modalidade no país.

Por meio de manufatura, comércio, investimento ou agricultura, a subsistência dos muçulmanos está divinamente garantida. Segundo nos informa o *hadice* número 24 de Muhammad, Deus disse: "Ó servos Meus, eis que proibi a injustiça a Mim Mesmo, e a declarei proibida para vós e entre vós. Ó servos Meus, cada um de vós se encontraria desencaminhado por assim merecer, exceto aquele que tenha sido bem dirigido. Assim implorai por Minha diretriz, e Eu vos dirigirei. Ó servos Meus, cada um de vós se encontrará faminto, exceto a quem Eu houver alimentado. Assim, implorai para que vos alimente, e vos alimentarei". Depreende-se disso que a falta de comida é culpa do faminto, interpretação corroborada pelo já citado "Perguntas e respostas sobre a fé islâmica", que afirma: "Um homem tem um saco de trigo e o consome em dois meses, ficando os dez meses restantes sem trigo, ou seja, fica sem nenhum alimento para o resto do ano. Assim, poucos dias depois, ele morre de fome. Mas se esse homem tivesse consumido a provisão dada por Allah com ordem, o trigo seria suficiente para o ano todo e ele não morreria. Por conseguinte, as pessoas não morrem de fome e nem de carência de alimentos, a não ser quando consomem os benefícios Divinos sem controle nenhum. Na verdade, ao criar-se um hábito no organismo fora das regras da criação, o ato de deixar tais procedimentos leva à morte".

Já no que se refere às intervenções médicas, a sobrevivência dos muçulmanos está bem amparada, uma vez que o Islã acolhe a maioria dos procedimentos. Folheto do Centro de Divulgação do Islam para a América Latina informa: "O Islam apoia o uso da ciência e dos métodos científicos. Adquirir o conhecimento é uma obrigação para cada muçulmano, homem ou mulher. No Islam, ciência e tecnologia devem ser usadas para fins morais e servir a todas as necessidades legítimas da humanidade. Além disso, ambas são vistas como uma maneira de ver o poder e a glória de Deus, manifestadas nas Suas criações". Em decorrência, explicou o xeique Samy Alboraiy, é permitido receber sangue, e o doador não precisa ser muçulmano; o transplante de órgãos é aceito e a crença do falecido não importa; no caminho inverso, um muçulmano pode doar seus órgãos, desde que deixe testemunho escrito desse desejo, e não é necessário que beneficie um irmão de fé. A doação de sangue, que ele não citou, também é incentivada: no Rio de Janeiro, a comunidade aproveitou a celebração pelo fim do jejum ritual e promoveu uma doação em massa ao hemocentro do Hospital Universitário Pedro Ernesto, em Vila Isabel. Al-Sharif sorri de meu espanto. "O xeique está falando que tem muita coisa benéfica para o ser humano no Islã, só que os meios de comunicação não querem nem saber disso."

Outro aspecto alegadamente negligenciado pelos meios de comunicação do Ocidente é a relação entre índice de violência e observância religiosa – ou, posto de outra forma, entre a ocorrência de atos de terror e o cumprimento dos preceitos islâmicos. Em 1924, a Turquia declarou sua independência do califado islâmico que já durava 1300 anos, promoveu a separação constitucional entre Estado e religião e permitiu a todos que discordaram das decisões sair com autorização, tranquilidade e método. O islamismo deixou de ser assunto público; a prática privada da fé foi assegurada. A população se manteve profundamente religiosa e o Estado se manteve firmemente laico. No livro "Islam, the people and the state", Sami Zubaida, professor emérito de Política e Sociologia da Universidade de Londres, comenta: "Há uma aparente indiferença por parte de amplos setores da população iraniana quanto à observância religiosa. Muitos cálculos estimam a frequência a mesquitas em um nível baixo, bastante menor que na Turquia 'secular'". Não é preciso lecionar em uma prestigiosa instituição britânica para perceber que o Irã, com seu pequeno comparecimento aos templos, é muito mais associado a extremismo religioso, no Ocidente, do que a Turquia, que não costuma frequentar a imprensa por associação a terrorismo e cuja população vai em peso rezar nas mesquitas.

Também na pesquisa do Gallup se nota que não há relação visceral entre o cumprimento à risca dos preceitos islâmicos e a prática de atos violentos. Vejamos o caso da Jordânia, em que 92% da população é muçulmana: entre os condenados por crimes de honra, 55,5% não jejuavam e 69,4% não faziam as cinco rezas diárias. "O fato de esses homens falharem em observar os mais obrigatórios rituais do Islã sugere que o ato de matar não é motivado por zelo religioso ou devoção", interpretam os analistas. "Ao contrário, outros fatores normalmente associados a comportamento criminoso desempenham um papel mais provável." Por exemplo, 33,1% dos condenados já haviam sido presos antes; 32,4% eram analfabetos e 24,1% foram criados em lares desfeitos.

É com orgulho que Mustafá Goktepe reforça os traços que distinguem seu país das demais nações islâmicas. "De fato, a Turquia não é um país islâmico, é um país democrático, laico, que tem *povo* islâmico. Diferente de um Irã, um Afeganistão, um Iraque, que são *países* islâmicos, onde a administração do governo se baseia na religião. A nossa constituição se baseia na da França. A administração, o que o governo prega, permite e proíbe, é como Inglaterra, Brasil, bem liberal. Por isso a vida social das pessoas é comum como no Ocidente, mesmo um povo de grande maioria muçulmano." Grande maioria é um eufemismo – segundo informa o *site* da CIA, 99,8% da população é muçulmana. Em parte devido a essas particularidades, a Turquia é o único país de maioria islâmica a fazer parte da Otan, a aliança militar ocidental criada em 1949. "Mas não é só isso", empolga-se. "Tem também a participação na União Europeia, a consideração da Turquia como um país da Europa mesmo, inclusive no futebol, que joga na Turquia com os times de lá", diz, referindo-se à Eurocopa.

Questionado sobre os crentes que distorcem os princípios doutrinários e dessa forma atraem antipatias e conceitos negativos para sua religião, Mustafá ergue as sobrancelhas e dá um longo suspiro. "Nem todo muçulmano é muito consciente. Uma pequena parte, realmente minoria, desconhece a religião, interpreta errado o que o profeta fez. Algumas pessoas é muito fácil de ser enganados, ser orientados para coisas erradas." Isso de forma nenhuma compromete o acerto e a verdade intrínsecos ao Islã, do que dá prova, segundo Mustafá, o número de seguidores, em crescimento constante desde o século VII. "Os ensinamentos do Islã têm muita lógica. Sendo muçulmano, logicamente acredito em tudo, todos os itens da minha religião, pratico todos e não tenho dúvida nem nada. E também, conhecendo bem minha religião, sei que é isso que as pessoas necessitam. Não tinha internet, avião, televisão, no começo, então isso significa que é uma religião muito lógica e basta conhecer para se tornar adepto também."

Na medida em que fé e razão podem conviver, o Islã é reputado como uma crença lógica até por não muçulmanos. Huston Smith, autor de "As religiões do mundo", professor do MIT, na Universidade de Washington, em Syracuse (Nova York) e em Berkeley (Califórnia), afirma: "Algo que é distintivo do islamismo é que ele soletra cuidadosamente o caminho da vida que propõe; ele o aponta com toda precisão e o explica por meio de ordens claríssimas, o que lhe dá um sabor de certeza e finalidade que lhe é muito próprio. Os muçulmanos sabem onde pisam". O detalhamento a que o autor se refere e que Mustafá tanto valoriza pode ser exemplificado com uma única instrução, retirada de "Um breve compêndio sobre o Islam". Apresentando o passo a passo sobre como realizar a lavagem ritual que precede a oração na mesquita, o autor explica: "Esfregar com água o cabelo três vezes, deixando que a água chegue às raízes do cabelo. Se o cabelo está entrançado, não há a necessidade de desfazer a trança, desde que a água chegue às raízes". Há orientações igualmente milimétricas para o caso de não haver água nas redondezas e sobre quando fazer a ablução maior e quando a menor basta. No apêndice, como já era de se esperar a esta altura, um descritivo pormenorizado ensina o que fazer com pés, joelhos, quadril, cotovelos, mãos e cabeça durante as orações – tudo ricamente ilustrado com fotos para mulheres e homens, pois os movimentos não são os mesmos.

Samira Zenni não repetiu literalmente o "nem todo muçulmano é muito consciente" de Mustafá, mas quase. Depois de defender sua religião e assegurar que jamais pensou em mudar, afirmou: "Não sou cega diante de alguns excessos, mas eles não são responsabilidade da religião e sim influência do homem, que deturpa. A religião em si é maravilhosa, só que o ser humano torna mais penosa do que ela realmente é. Tudo dentro do islamismo, até onde eu sei, tem uma explicação lógica. Cada surata do Alcorão tem sua razão de ser, lógica para a época. O homem, nessas xarias da vida, com esses 'osamas' da vida, criou uma coisa que foge daquela realidade, daquele contexto". Pode ser. Ainda assim, em algumas sociedades, a xaria continua gozando de certo prestígio atemporal. Como mostrou o levantamento do Instituto Gallup, a ideia de adotar a lei islâmica como referencial jurídico tem o apoio de nada menos que

70% dos nigerianos; como *única* fonte, de 20% – o mesmo percentual que a rejeita até como a mais leve inspiração. No Egito, a xaria tem a aprovação de 70% dos homens e 62% das mulheres; na Indonésia, 14% em cada gênero; a aprovação feminina no Irã e na Jordânia (14% e 55%) é maior que a masculina (12% e 54%, respectivamente).

Mui humanamente, a lógica muda conforme o contexto, mas isso não impede os indivíduos de cada época de buscar a necessária adaptação. Encontra-se uma justificativa razoável, o tempo consolida a interpretação e dali em diante basta seguir a nova ordem estabelecida. Caso clássico de acomodamento é a proibição às representações do mensageiro Muhammad e, por derivação, de seus companheiros, suas esposas e filhos; em seguida, de pessoas quaisquer, animais e, por fim, plantas. Tendo restado muito pouca matéria-prima criativa, pintores, escultores e outros artistas muçulmanos se especializaram em formas geométricas. A arte islâmica é rica, intrincada e bela, perfeita tradução estética de "fazer dos limões limonadas": o azedume pela escassez de temas foi transformado no saboroso caldo da simetria abstrata. Mas o Alcorão condena o *culto* de imagens, não sua confecção. Além do mais, até o século IX a representação do profeta *não* era proibida. Foi quando uma nova interpretação ganhou força de lei divina: representações seriam arrogância, orgulho e heresia, uma tentativa de usurpar de Deus a exclusividade da criação. Estavam vetadas as imagens e "já era", como sabemos todos nós que acompanhamos os desdobramentos da publicação de charges do profeta na Dinamarca e no jornal francês Charlie Hebdo. Nos dois casos, o conteúdo satírico das ilustrações foi considerado tão ofensivo quanto o fato, *per se*, de se desenhar o último mensageiro de Deus.

O responsável pela Casa de Cultura Turca tem uma explicação "muito lógica" para os motivos pelos quais retratar seres divinos, Muhammad em especial, é errado, impossível ao homem e até, no longo prazo, nocivo à crença em si. A pergunta, de fato, foi sobre a proibição prejudicar a disseminação do Islã. Se fossem permitidos, os filmes longa-metragens, as histórias em quadrinhos e os livros infantis não seriam uma maneira simpática, além de eficaz, de divulgar? "Mas na Turquia nós temos tudo isso, só que sem mostrar o profeta, porque você pode ver, hoje, a imagem de Jesus. Acho que mais de cem diferentes deve ter visto. Um é feio para o outro, um é bonito para o outro, um não gosta de olho azul, outro não gosta do nariz assim. Isso não é bom. Os profetas, de uma forma, são seres iguais a nós. Mas de outra são diferentes pela espiritualidade, altruísmo e capacidade", entusiasma-se, discorre sem tomar fôlego e contenho a vontade de rir, de acalmá-lo, de pedir que respire. "Todos os profetas são diferenciados dos seres humanos. Por isso, qualquer coisa que a gente atribua a eles pode sem querer gerar um defeito e não podemos atribuir defeitos aos profetas. Se a gente tivesse uma foto, verdadeira, poderia utilizar. Tanto do profeta Muhammad quanto de Abraão ou de Jesus. Mas não temos."

Iniciativas já realizadas acarretaram desfechos negativos para ele próprio, exemplifica, citando "Maomé, o mensageiro de Deus", de 1976, dirigido pelo conterrâneo Moustapha Akkad, estrelado por Irene Papas e com Anthony Quinn no papel de tio do profeta. "Mas Quinn, todo mundo sabe, é um ator, um ocidental, muito moderno, e tem coisas na vida dele que nem todo mundo concorda. Daí quando as pessoas veem, ficam atribuindo a personalidade daquela pessoa naquela pessoa, que não tem nada a ver, imagina! Agora, quando leio sobre o tio do profeta, logo Quinn vem na minha cabeça. Porque ele pode ser uma pessoa boa, claro, mas é apenas isso, nem é muçulmano, por exemplo! Nem sei se acredita em Deus!" Talvez sim, talvez não.

A copeira traz mais uma rodada do chá incrível, e Mustafá conta que um "turco normal" toma em média 30 copos por dia. Aonde se vai, recebe-se; onde se recebe, se retribui; ao retribuir, bebe-se junto – "e toda vez é até acabar a chaleira". No café da manhã é indispensável; à noite, depois do jantar, também. "Então só isso já faz quatro ou cinco rodadas." Reportagem da Folha de S.Paulo sobre Istambul faz referência ao cheiro de chá que a região exala e acrescenta: pesquisa de 2007 da Organização Mundial do Turismo apontou a cidade como a nona mais visitada do mundo e o destino internacional cuja procura mais cresceu no Brasil de 2009 para 2010. Bem se pode compreender o motivo.

A chegada à vida adulta também introduz na família o tema do casamento, outro marco da maioridade, embora "maioridade" seja um conceito variável de lugar para lugar. Em seu "Arab human development report" de 2009, o Programa de Desenvolvimento das Nações Unidas informa que as uniões de moças adolescentes vêm diminuindo, mas permanecem significativas em alguns países árabes. Citando dados de 2007 do Unicef, o relatório informa que o percentual de jovens já casadas aos 18 anos era relativamente baixo na Argélia (2%) e no Djibuti (5%), mas aumentava na Tunísia (10%), mais que dobrava no Sudão (27%), atingia níveis alarmantes nas Ilhas Comoro (30%), no Iêmen e na Mauritânia (37%) e atingia quase metade das mulheres na Somália (45%), todos esses países com no mínimo 70% de população islâmica. Poderia ser um contexto mais étnico do que religioso, mas outro relatório do mesmo órgão ("Child protection from violence, exploitation and abuse") não deixa dúvida: a sobreposição entre casamento infantil e islamismo é notória, uma vez que uniões femininas antes dos 18 anos são mais comuns na África subsaariana, no sul da Ásia, no Oriente Médio, norte africano e outras regiões da Ásia, nessa ordem. Parece improvável que todas elas tenham desejado os enlaces, como prevê a doutrina. De fato, o Alcorão determina que a mulher dê seu livre consentimento antes de casar, e "nem mesmo um sultão poderá casar sem aprovação da noiva", ensina Huston Smith em "As religiões do mundo". Ela também tem o direito de negociar pessoalmente alguns termos do casamento, como, por exemplo, vetar que o marido despose uma segunda mulher. Em mais um exemplo de como o homem desvirtua os desígnios de Deus, e apesar de no islamismo o adultério ser um crime passível de pena de morte, mulheres infectadas pelo vírus HIV são casadas em 80% dos casos, nos 15 Estados árabes pesquisados no levantamento das Nações Unidas.

Enquanto certas normas matrimoniais são claramente apresentadas na doutrina, não está evidente quão institucional é a declaração de Ruhollah Khomeini, líder da Revolução Islâmica de 1979 no

Irã, e atente-se para o verbo: "A mulher pode *pertencer* legalmente ao homem de duas maneiras: o casamento contínuo e o temporário". A união temporária parece mal disfarçar encontros sexuais fora do casamento, pois a esse trecho segue-se o seguinte: "Para o primeiro não é necessário precisar a duração. Para o segundo, indica-se, por exemplo, que se trata de período de uma hora, de um dia, de um mês, de um ano ou mais". É dispensável perguntar por que haveria um homem de desejar unir-se a uma mulher, legalmente, por 60 minutos.

Da Federação das Associações Muçulmanas do Brasil, o xeique Khaled Taky El Din prefere se concentrar nas agressões que atingem a população feminina *não islâmica* do país: "Quantas mulheres estão apanhando, por dia? Tem uma pesquisa aqui, a cada nove segundos tem uma mulher apanhando no Brasil. Saiu na revista IstoÉ, dois anos atrás ou três anos". Culpa do vício e da descrença nacional, opina o religioso. "Essa é uma falha enorme dentro da comunidade brasileira, a ausência de Deus no coração. É o único país que tem delegacia de mulheres, o Brasil. Único do mundo! Quantas pessoas estão morrendo através do crime? Através da bebida alcoólica? Quantos, por ano? Mais que a guerra lá no Golfo!" (O Alcorão, fonte oficial onde bebem os muçulmanos, ensina, em seu capítulo cinco, versículo 90: "Ó fiéis, as bebidas inebriantes, os jogos de azar, a dedicação às pedras e as adivinhações com setas são manobras abomináveis de Satanás. Evitai-os, pois, para que prospereis".)

Em quê, exatamente, as uniões islâmicas diferem das demais, no Brasil, ainda não está claro. Enquanto a comunidade não tem tamanho oficial reconhecido nem ordem clara de grandeza, a crença continua englobada em "outra", nas pesquisas. Reportagem da Folha de S.Paulo de 22 de julho noticiava: "Religião não evita fim do casamento". O estudo foi realizado pelo Núcleo de Estudos de População, da Unicamp, a pedido do jornal. As congregações analisadas? "Católica, evangélica tradicional, evangélica pentecostal, espírita, afro-brasileira, nenhuma, outra e não sabe."

Em São Paulo e Guarulhos, as cerimônias que El Din celebra vêm incorporando traços ocidentais. O xeique explicou o processo desde o primeiro momento. "Se um homem gosta de uma mulher e ficou interessado, ele tem que ir para a casa dela pedir para namorar, pedir bem claro. Ele começa a conhecer através de uma conversa, uma saída, mas dentro da família. Não pode ser isolado, sozinhos. Tem que entrar na casa, sentar e comer com ela. Não tem beijo, não tem... [gesticula, aflito] Isso, isso não, é tudo proibido, antes do casamento." Se as conversas e as refeições transcorrem bem, o casal fica noivo. "Daí vai ficar um tempo, um mês, um mês, um mês, então marca o casamento. Marcou o casamento? Eles têm que chamar o xeique em casa, ou na mesquita mesmo, com testemunhas. A mulher vai falar, ou o procurador da mulher, pode ser pai, pode ser tio, na presença dela ou ela mesmo, direto, pode falar: 'Aceito casar contigo de acordo com o Livro Sagrado de Deus e de acordo com a tradição do profeta Muhammad'. Ele vai falar a mesma coisa e nessa hora já pode beijar, pode levar, ficar com ela, já é esposa." Como a maioria dos muçulmanos do país descende de libaneses, de algum tempo para cá muitas famílias vêm trazendo cantores de lá para animar as festas. "O casamento não tem muita diferença, só que o xeique fala as palavras na frente de todo mundo, tem música árabe e uma dança." El Din, sunita, realizou muitas cerimônias de casais xiitas, no passado, mas não mais. "Agora tem algumas mesquitas xiitas, alguns xeiques xiitas, eles fazem."

Em "Os tratamentos de fertilização e as religiões", livro lançado em 2010 pelo ginecologista brasileiro Arnaldo Schizzi Cambiaghi, aprende-se que o Islã autoriza quatro das seis práticas mais frequentes de reprodução humana assistida – curiosamente, a mesma quantidade e os mesmos itens permitidos no judaísmo. O cristianismo ortodoxo, quando muito, deixa a decisão ao livre-arbítrio de cada crente, enquanto o catolicismo proíbe todas as listadas. A neoevangélica Igreja Renascer em Cristo, para efeito de comparação, permite tudo. Os muçulmanos podem se beneficiar das técnicas de inseminação artificial, fertilização *in vitro*, do congelamento de óvulos e de embriões. São vetadas apenas as doações de embrião, de sêmen e de óvulos. Pelos vistos, os doutores islâmicos que liberaram o recurso à reprodução assistida julgaram que ela não é uma tentativa humana, arrogante e pecaminosa de substituir Deus como criador.

"Meca ou mecanização" é mais que um jogo bem-sucedido de palavras. Ele resume a dúvida que, para alguns autores, toma de assalto os entrantes na maioridade, ao contrapor, em linhas gerais, a religião ao consumo, a vida islâmica à capitalista. Os índices ocidentais que medem o progresso e o bem-estar da população tendem a ser baixos, nos países islâmicos. O Índice de Desenvolvimento Humano (IDH – obtido pela combinação entre riqueza, educação e expectativa de vida ao nascer) e o Gini (que indica o nível de desigualdade econômica), por exemplo, revelam condições desoladoras em grande parte das sociedades muçulmanas (listas disponíveis no final deste livro). Mas as lideranças islâmicas não se curvam a essa lógica, e se recusam a ter seus governos avaliados por critérios alheios a seus objetivos. Um país muçulmano não visa à prosperidade de seus cidadãos, daí que não faça sentido analisar o desempenho da nação sob esse prisma. A razão de ser de um Estado islâmico é fornecer ao povo as condições necessárias a uma vida *religiosamente* bem-sucedida. Em seu "O mundo muçulmano", o historiador holandês Peter Demant aborda a questão: "O islamismo não tem novas soluções no âmbito socioeconômico. O contra-argumento islamista é simples e efetivo. O islã não é um sistema econômico de tipo ocidental, projetado para produzir crescimento material. Isso seria manter-se dentro da lógica materialista, individualista e ateísta que ele vem rejeitar. Ao contrário do capitalismo, o regime islamista não é julgado por suas realizações econômicas, mas espirituais. O islã providencia um contexto para venerar Deus como Ele quer e instrui a Sua veneração: este é o objetivo do ser humano. Na sua própria percepção, que é aceita por uma boa parte do mundo muçulmano, o êxito não se mede pelo progresso mundano, mas pela religiosidade".

O desconhecimento poderia ser uma dádiva, mas, exceto talvez em zonas rurais de certos países, os muçulmanos *têm* consciência do progresso mundano. O conflito existencial ganha contornos dramáticos quando as opções se excluem mutuamente sem possibilidade visível de acordo. A primeira hipótese é "Meca": viver estritamente dentro da crença e ser feliz sem almejar o conforto material que só poderia ser obtido pela renúncia, ao menos parcial, da fé. Se a opção por uma vida ortodoxa e observante gerar infelicidade, as alternativas são: aprimorar-se espiritualmente até atingir a plenitude apenas com o que é oferecido pela religião, à custa da satisfação em outras dimensões da vida; ou, inversamente, buscar condições de vida que propiciem mais usufruto da prosperidade, sacrificando a religiosidade e sob o risco de cair na "mecanização": em um ambiente que favoreça as conquistas terrenas, como manter um vínculo com a crença, resistindo aos apelos do consumo, da sensualidade, dos prazeres da comida, bebida e diversão? Convencidos de que seguem a religião certa, e ao mesmo tempo forçados a tomar essa decisão crucial, os fiéis podem se tornar presas do fundamentalismo, argumenta Demant. "Falhas são atribuídas aos muçulmanos, que são, como todos nós, seres humanos passíveis de falhar. O próprio islã é, em si, infalível por definição: basta aplicá-lo mais assiduamente. Com este sistema de valores, o islamismo se imuniza contra todas as derrotas: não há mais nenhum critério comum para julgar o êxito ou o fracasso da sociedade fundamentalista."

Maria Damasceno tinha uma condição privilegiada no Brasil e se beneficiava largamente dos confortos que o progresso material oferece. Neta e bisneta de estrangeiros, inteligente, viajada, ela tinha tudo para se surpreender com a vida na Arábia Saudita. E se surpreendeu. "A coisa é muito mais *light* do que a gente pensa", ela escreveu. "Existe harmonia entre os familiares e um respeito enorme com a mãe. Com a avó também, mas ainda mais com a mãe. Não posso afirmar que gosto de tudo aqui, mas tem muita coisa com a qual me identifico. A serenidade e educação das pessoas, por exemplo, e como eles tentam colocar em prática aquilo que aprenderam na religião."

Um dos aprendizados fundamentais do islamismo é a prática do *jihad*, palavra árabe para "esforço" muitas vezes mal traduzida, no

Ocidente, como "guerra". Muçulmanos de boa vontade atribuem o erro ao fato de que uma guerra realmente exige esforço, daí a associação. Já os menos compassivos contra-atacam: ainda que o sentido fosse apenas esse, a "guerra santa" islâmica é idêntica, na forma e no conteúdo, à "guerra justa" do cristianismo, que também vê como mártires os que morrem pela causa de Deus e, igualmente, lhes promete salvação. Em "Uma breve história do mundo", o historiador Geoffrey Blainey, professor da Universidade de Melbourne e de Harvard, observou: "Em 1095, durante as Cruzadas para resgatar Jerusalém dos infiéis, o papa Urbano II prometeu perdoar os pecados dos cruzados que atravessassem os mares por pura devoção e não com o objetivo de obter honra e dinheiro". Tendo em vista o prêmio divino que os aguardava, em 1099 soldados cristãos recuperaram Jerusalém do domínio islâmico – queimaram todos os judeus, vivos, na sinagoga e chacinaram todos os muçulmanos da cidade.

O caráter e os diferentes níveis do *jihad* recebem em geral menos atenção. Sami Armed Isbelle ensina, em seu *O estado islâmico e sua organização*, que o esforço maior é "o empenho que o muçulmano faz individualmente a fim de não se deixar cair em tentações e de cometer pecados. Portanto, é um empenho contínuo para corrigir nossos defeitos e nossas falhas e aprimorar e aperfeiçoar nossas ações e nossa conduta". A guerra, neste caso, é consigo mesmo. Em sua modalidade secundária, *jihad* é "todo esforço ou empenho do muçulmano pela causa de Deus, como divulgar o Islam no campo intelectual, retirar obstáculos do caminho das pessoas, como uma casca de banana, podendo também se caracterizar como uma forma de *jihad* menor o confronto armado". A guerra, nesse caso, seria contra o outro. "Mas a guerra não é um objetivo do Islam nem é a ação normal dos muçulmanos", afirma o autor, fundamentado na *doutrina*. Porém, baseado em *fatos*, alguém poderia contra-argumentar que, certos ou errados, muitos muçulmanos decididamente fazem uso do *jihad* como guerra. A teologia estabelece a hierarquia dos esforços: primeiro o maior, depois o menor. Seguida à risca, ela quase elimina a associação do esforço com extremismo, uma vez que, aperfeiçoando continuamente a própria conduta, os propensos à violência não chegariam a cometê-la.

Naquele dia de julho que havia começado tão mal, Ali Saifi exercitou comigo um ato de *jihad* menor. Ao fim da entrevista, levou-me de carona até o estacionamento onde o desajeitado motorista (que afinal era seu primo) tinha me buscado, horas antes. O frentista que calibrou os pneus do meu carro, talvez ainda digerindo o espanto com minha pergunta sobre em que cidade estávamos, não vedou direito um dos pinos. Saifi aponta para o Celta: "Aquele pretinho ali é que é o seu?" – um pneu estava inapelavelmente arriado. Ele convoca o parente dos músculos fortes: "Vamos trocar para ela". Empreendi um *jihad* para demover ambos da ideia. O rapaz do estacionamento faria o serviço, argumentei. Os dois estavam a caminho do aeroporto para buscar visitas estrangeiras, não pegaria bem que se apresentassem com graxa sob as unhas. Aguardaram pacientemente até que o esquálido manobrista vencesse os parafusos e conduziram-me até a estrada, despedindo-se na bifurcação com acenos e buzinadas cordiais. O sábado, afinal, terminou bem, sem o patético sequestro anunciado.

Morte
Ou de como abater animais, entender xiitas e sunitas e merecer o paraíso

Como tantos outros moradores, nativos ou não, de grandes centros urbanos, os habitantes de São Paulo muitas vezes se envaidecem diante do cosmopolitismo da cidade como se orgulham de um filho bonito – a contribuição pessoal existe, mas não responde, sozinha, pelo resultado. Mesmo o paulistano que se alimenta à base de refeições congeladas sabe que a metrópole é, ou foi, a capital mundial da gastronomia, assim como os frequentadores bissextos de teatro saboreiam a ideia de viver em um lugar onde, querendo, é sempre possível assistir a um bom espetáculo. A tolerância religiosa é parte da civilidade desse cenário, e desdobramentos algo contraditórios não parecem incomodar – registre-se que Said Murad, primeiro deputado muçulmano do Estado, é filiado ao PSC, Partido Social Cristão. São Paulo é um lugar plural e pacífico, que acolhe igualmente bem (ou mal, mas sempre igualmente) todas as crenças? "Sem dúvida, sem dúvida", responde o diretor do Grupo de Abate Halal. "Eu servi no Tiro de Guerra, aqui em São Bernardo. Um dos meus melhores amigos era o Abraão, um judeu. Meu amigo, amigo mesmo." O exemplo é ainda mais eloquente em vista dos muitos países que Ali Saifi conhece – apontando os bibelôs da estante ele cita Egito, Líbano, Peru, Alemanha, África do Sul, Argentina, Arábia Saudita, Jordânia e "falta muita coisa" – e dos que nem *reconhece*: "Meu sonho é conhecer a Palestina. Não conheço nenhum lugar chamado Israel, então sou doido para conhecer a Palestina, é meu sonho". Sendo igualmente brasileiros, Abraão e Ali não tiveram dificuldades no convívio, que afinal evoluiu para afeição mútua, para sorte dos colegas do Tiro de Guerra.

Nas viagens, não é bem assim. "Eu estava na Jordânia e quis atravessar a fronteira para conhecer a mesquita [em Israel], mas o pessoal sugeriu que não, porque na época eu estava com 31 anos e com nome muçulmano seria muito perigoso, mesmo tendo passaporte brasileiro. Eles poderiam me prender e só Deus sabe o que poderia acontecer. Disseram que era bom eu voltar só depois dos 38." Ninguém soube lhe explicar a razão pela qual um muçulmano se torna mais bem-vindo quando completa 39 anos. "Não tenho a resposta oficial, mas isso me foi falado muitas vezes, então não fui." Mais ou menos na mesma época, no Brasil, ele foi convidado a um jantar pelo deputado Vicente Paulo da Silva. O anfitrião e ex-metalúrgico Vicentinho não deixou por menos: colocou na mesma mesa Ali e Davi. "Ele fez questão de juntar a gente e apresentou assim, 'esse cara aqui é judeu, esse cara aqui é muçulmano'. Passamos a noite rindo, ele contando piada de muçulmano e eu contando piada de judeu. Foi bem engraçado. Aqui não tem nenhum problema." Nem dificuldades nas Forças Armadas, conta. Enquanto serviu no Tiro de Guerra, conseguiu manter inalterada a rotina de orações, "e não foi só isso. No mês do ramadã, o sargento e o tenente sempre respeitaram meus limites porque eu estava de jejum, me preservaram, me livraram de algumas guardas. Não posso reclamar disso não, de jeito nenhum".

Em abril de 2010, o Instituto Pew Forum divulgou sua pesquisa sobre o convívio entre grupos cristãos e islâmicos na África subsaariana. Do Deserto do Saara até o Cabo da Boa Esperança, vivem 234 milhões de muçulmanos e 470 milhões de cristãos. Como o norte do continente é mais islâmico e o sul, mais cristão, a pesquisa focou os 6.500 quilômetros do centro, do Senegal até a Somália, para avaliar o nível de tensão religiosa na região onde a coexistência é mais pronunciada. A primeira descoberta não é exatamente uma surpresa – a maioria dos entrevistados classificou o desemprego, a criminalidade e a corrupção como problemas maiores do que os conflitos de fé. Outra conclusão é mais inesperada: entre os que se preocupam com atos de violência religiosa, o alvo do receio são os seguidores da *própria* crença. "Muitos muçulmanos dizem que estão mais preocupados com extremistas islâmicos que com extremistas cristãos, enquanto os cristãos de quatro países estão mais preocupados com extremistas cristãos que com extremistas muçulmanos", afirma o relatório. Se existe algo da indulgência brasileira nos 19 países estudados pelo Pew Forum é a visão favorável que cada grupo tem do outro. Cristãos e muçulmanos julgam-se mutuamente honestos e respeitadores das mulheres, apesar de o primeiro grupo ser mais desconfiado. "Números expressivos de cristãos, variando de 20% na Guiné Bissau até 70% no Chade, afirmam que os muçulmanos são violentos", diz o levantamento. Na maioria dos países pesquisados, os cristãos tendem a avaliar as duas crenças como "muito diferentes". Dadas as muitas similaridades entre ambas, os muçulmanos africanos estão, neste ponto, bastante mais bem-informados.

A pesquisa conclui que há três grupos de nações onde o risco de conflito religioso é maior: as predominantemente muçulmanas com minorias cristãs significativas; aquelas na situação inversa, ou seja, Estados majoritariamente cristãos com grandes minorias muçulmanas e os países em que as duas crenças têm um número equilibrado de seguidores. O xeique Khaled Taky El Din, egípcio, comentou os números de sua terra natal: "Ninguém escutou alguma vez que o muçulmano derrubou uma igreja ou sinagoga. Ao contrário, desde o início do Islã até agora está tudo cuidado, bem preservado. No Egito, por exemplo, temos 10% de cristãos e vivemos em paz. Tem visita nas festas, troca de presentes, participa de muitos eventos".

Quando a paz inter-religiosa a que El Din se refere está ausente, de seu país ou qualquer outro com população islâmica, as consequências não tardam a se fazer sentir por muçulmanos do mundo todo. O cineasta paulistano Flávio Rassekh contou: "O Islã engloba o cristianismo e o judaísmo, é a manifestação da mesma religião, as brigas são entre irmãos! Isso deixa os seguidores numa posição desconfortável, de se explicar o tempo todo, tem sempre um 'mas'. Sou muçulmano, *mas* não sou homem-bomba. Eu estava dando uma aula na PUC e perguntei o que vem à cabeça quando se fala em muçulmano, e um menino depois do outro respondeu 'homem-bomba'. Até que um falou: 'Não, tem mulher de burca também'! O Islã foi tomado por pessoas que têm interesse político, de poder e de dinheiro, que estão levando as pessoas à iminência de uma guerra".

A manipulação política do Islã é um assunto que irrita profundamente o auditor de procedimentos islâmicos da Federação das Associações Muçulmanas do Brasil. Ou, talvez, ele apenas não contasse com mais um compromisso naquela tarde já bem atribulada. Pouco antes de pedir licença e ir receber a delegação da Síria, El Din interfonou a Dib Ahmad El Tarrass, que ocupa a sala ao lado, e pediu que ele desse continuidade à entrevista. O auditor estava de saída para outra cidade e, pela expressão do xeique sentado à minha frente, adivinhei que não seria uma conversa fácil. El Tarrass precisou ser convencido a gastar comigo os últimos minutos antes da viagem – apesar de no agendamento eu ter adiantado que gostaria de entrevistá-lo. Tem um ar professoral facilmente confundível com paternalismo e uma propensão a colocar no discurso do interlocutor palavras que não foram ditas. "Quando você vê na mídia que um homem-bomba se explode e mata dez, como telespectadora sua primeira reação é dizer: 'Que povo louco, que religião louca, não é uma religião de Deus'. É sua primeira interpretação." Não é não, tento dizer, mas ele não faz caso da minha tentativa de interrupção. "Só que você perdeu seu raciocínio, porque você já está em lavagem cerebral, você não raciocina mais." El Tarrass opinou que a religião é uma constituição divina, quase a mesma frase usada por Flávio, filho de mãe muçulmana, mas que não segue o islamismo e sim a Fé Bahá'i. El Tarrass segue firme na defesa de sua religião, apesar de nenhuma acusação ter sido verbalizada ou insinuada. "O islamismo é uma coisa pura, mas às vezes cai nas mãos erradas. Não confunda islamismo com muçulmano. São o mesmo, teoricamente. Se um cara faz uma coisa errada, a religião é culpada? Não! *Ele* está errado, não é a religião. É isso que a sociedade precisa entender. Exemplo lógico: a burca. Não existe no islamismo, é uma introdução da cultura daquele povo. O Alcorão diz que a mulher ande recatada, não que ela entre num tanque de ferro. A sociedade tem que aprender a dividir essas questões. Muitas coisas acontecem... A gente fala em mídia... Não gosto de aprofundar esses assuntos porque são coisas pessoais, não têm nada a ver com religião, é que eu estudo muito História e Política."

Estudando as religiões, quem tiver interesse nos vínculos históricos e políticos entre fé e violência incontornavelmente vai desembocar nos textos sagrados do monoteísmo, abundantes em incitações à agressão – Alcorão incluído, como se pode comprovar em inúmeras passagens, entre as quais esta: "Matai-os [os agressores] onde quer que os encontreis [...]." Tomado isoladamente, o versículo 191 do capítulo dois é um convite à barbárie. Busca similar, na Torá e na Bíblia, traria resultado idêntico e igualmente desonesto. A integridade intelectual obriga à reprodução completa dos trechos. Neste caso, no versículo imediatamente anterior, o Alcorão orienta: "Combatei, pela causa de Deus, aqueles que vos combatem; porém, não pratiqueis agressão, porque Deus não estima os agressores".

O psicólogo Maher Musleh credita às divisões internas do islamismo a dificuldade que os muçulmanos vêm tendo para rechaçar, com eficácia e de forma conjunta, os atos de violência cometidos por alguns de seus membros. A mídia certamente tende a dar uma cobertura desigual. Entretanto, ele ponderou, "eu acho que só se consegue dividir se tiver feridas. Se os árabes tivessem sua autoestima bem-resolvida, quando alguém chegasse para dividir, diriam: 'Não importa se somos palestinos ou sírios, somos árabes'. Não tenho essa visão de dizer que somos vítimas de vocês, jornalistas. Nós somos vítimas de nós mesmos, da nossa incompetência, das nossas fragilidades, dos nossos medos, da nossa identificação com a vitimização. Eu não compactuo com esse modelo". Na dissertação "O Heterologos em Língua Portuguesa: elementos para uma antropologia filosófica situada", publicado pela editora fluminense Espaço e Tempo, a mestre Maria Helena Varela se referiu à união que parece faltar à comunidade islâmica. "Na origem da palavra sincretismo há algo de enigmático e de alusivo [...]. Dizia-se, de fato, que os cretenses, sempre dispostos a uma luta entre si, se aliavam quando um inimigo externo aparecia. Sincretismo é a união dos cretenses, um conceito defensivo que ultrapassa a fragmentação política interna [...]. Essa determinação em unir grupos conflituais, em busca de alianças entre partes da própria Creta, serviu para a posterior migração do conceito, da política à religião", escreveu a autora, em 1996.

O que falta em união para o combate sobra em aliança discursiva quando se trata de criticar a imprensa. Hadil Daaboul, a síria naturalizada brasileira que trabalha como secretária, é formada em Jornalismo e afirmou que "a mídia sempre tenta denegrir a imagem dos árabes, fazendo questão de mostrar apenas o lado ruim ou generalizando de forma errada". Para ela, as empresas de comunicação desprezam os aspectos positivos e se concentram na exibição das tragédias: "Acredito que enfatizam apenas um [tipo de] acontecimento. Não é porque ocorre um fato com um árabe ou muçulmano que todo o povo pensa ou age igual. O Oriente Médio é o berço da humanidade, da cultura, hospitalidade, fraternidade e da união, não o berço da violência. Fundamentalismo pode ser cometido por qualquer pessoa, de qualquer religião". A cobertura jornalística influenciaria a opinião pública, contribuindo para transformar uma atitude individual em marca registrada de um grupo maior. Em consequência, "a população, que não tem grande acesso a informação, passa a enxergar um povo através dos olhos das empresas midiáticas. Atos de violência de muçulmanos, judeus, ortodoxos, católicos, ateus ou de qualquer pessoa são desprezíveis. Violência é violência. O que não pode ocorrer é utilizar determinada religião como culpada de qualquer ato e com isso denegrir a imagem das pessoas de bem que seguem essa religião". Não tomar a parte pelo todo é um cuidado necessário às duas pontas do discurso, observa Maher com menos palavras. Quando perguntei se concordava que no Ocidente o islamismo é comumente visto como uma religião agressiva, ele cruzou as pernas – uma recusa até *física* do argumento – antes de responder: "Não gosto de generalizações, e 'Ocidente' é uma generalização".

Quando o psicólogo se recusa a homogeneizar metade do planeta, está de certa forma repisando as pegadas de seu conterrâneo

Edward W Saïd, autor de "Orientalismo – o Oriente como invenção do Ocidente", publicado pela primeira vez em 1978 e merecendo novas edições e tiragens, mundo afora, até hoje. Saïd, um palestino cristão filho de norte-americanos, educado no Egito e falecido em 2003, construiu uma sólida carreira acadêmica na Universidade de Columbia, em Nova York, onde ensinou Literatura Comparada por 40 anos. Em sua mais famosa obra, ele escreveu: "Terríveis conflitos reducionistas agrupam as pessoas sob rubricas falsamente unificadoras como 'América', 'Ocidente' ou 'Islã', inventando identidades coletivas para multidões de indivíduos que na realidade são muito diferentes uns dos outros. [...] O surgimento do 'Islã' como tópico de um jornalismo e erudição alarmados, ainda que nem sempre precisos e informados, inflamou a sensação de perseguição experimentada por orientais. Ninguém parecia estar livre da oposição entre 'nós' e 'eles', o que resultou num senso de identidade reforçada, aprofundada, endurecida que não tem sido em especial edificante".

Para não alimentar a noção de identidades coletivas, estanques e opostas é que Maher primeiramente reage refutando a pergunta. Porém, ressalva feita, ele concede: essa é a tendência, apesar de haver exceções entre os indivíduos e na imprensa. "Pessoas que viajam, são vivenciadas, têm informação histórica, cultura, não têm essa imagem. Quem está preso ao que os meios de comunicação trazem, essas vão ter essa imagem. No Brasil, a força do que vem dos Estados Unidos é muito grande, tem um pouco desse modelo de que os árabes são isso e aquilo. Por exemplo, quando Israel cometeu terror de Estado na Faixa de Gaza, eu só vi uma revista, a IstoÉ, com a manchete 'O Terror de Estado de Israel'. Uma!" O psicólogo ressalta os méritos da reportagem "fidedigna", que abordou as motivações do extremismo. O exemplar, já bastante manuseado, estava na recepção do consultório. "A questão é que você pega um gato e vai acuando, acuando, acuando, acuando, acuando. Como na casa dos meus primos, no meio da noite a gente é tirado, com a roupa do corpo, e posto na rua, os soldados israelenses revistando. O tempo inteiro você tendo de baixar a cabeça, sem direito a nada, tendo de pedir água, comida, porque eles cortam, fecham as barreiras. Um dia você extrai do ser humano o que ele tem de pior, vira homem-bomba. É claro, não tem esperança!", Maher explica, mas não justifica. O não atendimento às necessidades básicas da população pode estar na origem da revolta, mas isso não legitima as vinganças sangrentas. "Aos islâmicos falta tudo: respeito, dignidade, saneamento básico, direito de ir e vir. Isso alimenta o fundamentalismo, sem sombra de dúvida. Não concordo com o que o Hezbollah faz, em hipótese nenhuma, mas minha família é desrespeitada, minha mulher, meus direitos. Então vou me explodir. Isso não torna o homem-bomba bonito, mas faz a gente entender o que o leva a agir dessa forma." Apontando que "se tem alguém que não deveria praticar o Holocausto é quem sofreu o Holocausto", ele retoma o próprio mestrado: "Isso só vem reforçar minha tese de que vítima de violência propaga violência".

Ali Saifi também se queixa. "Nós sofremos muito com entrevista. Eu, meu pai, meus filhos, minha mulher, todos. Quando começou esse negócio de entrevista, depois de 11 de setembro, a gente respondia uma coisa, botavam outra. Teve uma vez que o SBT fez uma reportagem com a gente, passou uma semana com a gente e colocou na televisão uma coisa horrível. A gente fez um protesto e eles ofereceram direito de resposta." Então vem o primeiro sorriso em vários minutos: "Deram o mesmo tempo, ficou muito bonito". A imprensa nacional é toda ruim, mas alguns veículos recebem uma avaliação particularmente negativa. "A revista Veja é o pior dos piores. O Estado de S Paulo, a Folha, acho extremamente tendenciosos, quando falam de islamismo é terrível. Nunca vi uma reportagem boa, que falasse do que o pessoal está sofrendo", reclama, em consonância com a percepção de Maher. O psicólogo observou: "Não vejo a mesma cobertura quando os árabes estão apanhando, quando entram nas casas e matam. Não aparece. Só que contra essa massificação da informação não tem o que fazer. Seria muito positivo se nós tivéssemos um meio de comunicação que pudesse falar: 'Olha, não é bem assim'. Claro que não seria fácil. Como é que se faz oposição a uma CNN?". Nem é preciso que seja oposição – basta uma discordância tornada pública. Octavia Nasr, editora sênior da emissora, foi demitida depois de lamentar em seu Twitter pessoal a morte de Sayyed Mohammed Hussein Fadlallah, um aiatolá libanês considerado terrorista pelo governo norte-americano, reportou o Portal Imprensa em 8 de julho de 2010. Ali Saifi faz uma única concessão à mídia nacional: "Gosto da BandNews, porque vai direto ao ponto e só dá a notícia. Hamas atacou, Hamas foi atacado, pá, pum. Está bom demais, deixa que eu tiro minha conclusão. Jornalista que quer enfiar coisa goela abaixo, que vira e diz que é um absurdo, que não sei o quê... Esse, nunca mais."

Para o responsável pela Casa de Cultura Turca, a associação entre islamismo e violência pode ser atribuída a dois agentes: imprensa, sim, mas também os fiéis. "Há um trabalho muito grande em cima do Islã de diversas pessoas, mas até os próprios muçulmanos ignorantes", lamentou Mustafá Goktepe. "Hoje tem um bilhão e meio de muçulmanos. Os que se envolvem com ataques terroristas, conflitos e problemas talvez cheguem a alguns mil e todos os outros discordam, o que essas pessoas fazem de errado não representa o Islã, são atos pessoais que o Islã e os muçulmanos não aceitam." Mas então vêm as telecomunicações e amplificam tudo. "O Islã hoje tem uma imagem muito diferente, deturpada. Cem anos atrás as pessoas não ficavam sabendo de uma coisa tão errada e feia no mundo inteiro tão rapidamente. Hoje essa influência, com a globalização, a facilidade de as pessoas saberem qualquer coisa, acaba fazendo talvez essa imagem errada. O conflito na realidade não é tão grande, mas como alguém se mata e mata 50 pessoas junto, o mundo inteiro fica sabendo, está fácil. São atos errados que não se relacionam jamais com o Islã, mas através da mídia, da internet, com facilidade, hoje, acabam se espalhando. Ficam sabendo apenas dessas coisas, desconsiderando 99,9% dos muçulmanos pacíficos que vivem em paz e querem a paz." Hadil, Maher, Ali e Mustafá, entre outros entrevistados, vivem o desconforto da metonímia midiática: pertencer a um grupo cujos membros mais visíveis acabam se tornando a face oficial nos meios de comunicação, apesar de não serem representativos na quantidade nem nas atitudes.

Para uma brasileira cristã bem-nascida que se casa com um homem muçulmano e vai morar na Arábia Saudita, a desinformação é um fardo extra para administrar (de si para si) e para esclarecer (aos outros). Maria Damasceno desmascarou alguns dados correntes sobre a condição feminina de seu novo país. Mulheres sauditas não têm registro de nascimento nem, por consequência, certidão de óbito? "Mito. Existe o registro da maternidade e com ele se obtém uma certidão de nascimento provisória, com a qual os pais podem incluir as crianças no plano de saúde.

Depois de um ano, comprovando todas as vacinas, os pais obtêm a certidão definitiva. "É uma forma de forçar a população a dar as vacinas." Descendentes nascidos no exterior gozam dos mesmos direitos. "Minha filha, que é nascida no Brasil, tem registro de nascimento traduzido para o árabe. Com esse documento, foi incluída no *family ID*, onde constam dados do marido, da esposa e dos filhos." A certidão de óbito também existe, assim como a inclusão nos dados do recenseamento, "é claro". Maria contou sua experiência pessoal. "Em fevereiro, um representante do Censo esteve aqui em casa. Perguntou o número de pessoas, idade, profissão, quantas mulheres, homens, meninos e meninas, idades, escolaridade... E ainda voltou no dia seguinte para pegar um questionário mais detalhado sobre pertences e gastos." Ela não omitiu o que, parecendo invenção, é realidade: as sauditas jamais alcançam o *status* da maioridade legal. "Verdade. As mulheres têm sempre o pai, marido ou um irmão mais velho como responsável. Até para viajarem sozinhas precisam de autorização de um deles, embora já existam documentos de autorização de um ano e até definitiva. Elas podem ter imóveis, bens e negócios em seus nomes, basta que eles autorizem. Entretanto, parece-me que isso nada tem a ver com a religião. Acho que é coisa daqui mesmo e que em outros países islâmicos é diferente." Em mais de uma ocasião, durante nossos contatos telefônicos e troca de e-mails, Maria reforçou a necessidade de distinção entre normas religiosas e traços culturais dos países.

O acesso ou veto ao estudo, um indicador comumente associado a crença, seria mais corretamente vinculado a paz e políticas de Estado. Sim, no Afeganistão sob o Talibã, meninas foram desencorajadas e até proibidas de estudar; sim, em Burkina Faso, onde 50% da população é muçulmana, a literacia é de magros 21,8%. Mas também é fato que no Tajiquistão, onde 90% dos habitantes seguem o islamismo, 99,5% da população é alfabetizada. Para cada Chade, Afeganistão e Somália (adultos alfabetizados: 25,7%, 28,1% e 37,8%, respectivamente) há um Uzbequistão (99,3%), uma Maldivas (96,3%) e até mesmo uma Faixa de Gaza, onde, apesar de tudo, há mais pessoas letradas, acima de 15 anos, do que no Brasil (92,4% contra 88,6%). O *site* da CIA, onde esses percentuais foram pesquisados, não faz distinção entre os plenamente capazes e os analfabetos funcionais. Sobre a Arábia Saudita, Maria contou: "Não conheço nenhum caso de saudita na faixa de 40 anos, ou até 50, que não tenha se formado. Bem ao contrário, mulheres com curso superior têm até mais chance de arrumar um bom marido! As filhas seguem o mesmo caminho. A escola e a faculdade são levadas tão a sério que em época de provas as ruas ficam bem mais vazias. É considerado *low-season* nas lojas, que entram em liquidação. Isso porque mães e pais não saem de casa para acompanhar o estudo dos filhos e, claro, das filhas".

Esse cenário tão equitativo talvez seja reflexo do ambiente social por onde Maria circula em Riad, porque dados da CIA de 2003 indicam que, na média nacional de alfabetização, a Arábia Saudita tem uma desigualdade de 14 pontos percentuais entre homens (84,7%) e mulheres (70,8%). A literacia masculina supera a feminina em muitos outros países islâmicos, como Albânia (99,2% dos homens alfabetizados, 98,3% das mulheres, percentuais de 2001), Jordânia (95,1% e 84,7%, respectivamente, dados de 2003), Líbano (95,1% e 84,7%, idem), Iraque (84,1% e 64,2%, informações de 2000), Síria (86% contra 73,6%, dados de 2004) e Turquia (95,3% e 79,6%, respectivamente, dados também de 2004). Mas há que se notar que em Uganda, país onde quase 85% da população é cristã, a desigualdade também é grande: 76,8% dos homens são alfabetizados, mas apenas 57,7% das mulheres (números de 2002), assim como na República Democrática do Congo, com seus 70% de cristãos, a literacia dos homens

(80,9%) supera a das mulheres (54,1%, dados de 2001). No Brasil, a literacia feminina é ligeiramente maior que a masculina: 88,8% das brasileiras são alfabetizadas, contra 88,4% dos brasileiros.

A proibição ao estudo feminino é parte do folclore que envolve o Islã, uma religião mais comentada do que compreendida. Independentemente do que alegam os críticos; apesar dos vídeos que circulam pela internet, em que líderes religiosos incitam à agressão contra não muçulmanos; e a despeito do que reporta a imprensa descuidada ou mal-intencionada, a doutrina islâmica não avaliza as pressões pela conversão dos seguidores de outras crenças e não valida o assassinato, muito menos o suicídio: são falácias que proliferam na internet e dão a volta ao mundo mais depressa do que a corrente de *e-mails* para salvar a pequena Mary. A respeito do proselitismo forçado, o versículo 256 do capítulo dois do Alcorão estabelece: "Não há imposição quanto à religião". Em nota de rodapé, o tradutor e intérprete Samir El-Hayek acrescentou: "A imposição é incompatível com a religião, porque a religião depende da fé e da vontade, e estas perderiam a sua consistência se induzidas à força". Sobre provocar a própria morte, os versículos 29 e 30 da quarta surata dizem: "[...] não cometais suicídio, porque Deus é Misericordioso para convosco. Àquele que tal fizer, perversa e iniquamente, introduzi-lo-emos no fogo infernal [...]". No livro "Sobre o Islã", o jornalista Ali Kamel abordou a violência religiosa comparando a própria fé e o cristianismo: "Seis papas foram assassinados, 35 foram martirizados, quatro morreram no exílio, dois foram mortos em decorrência de ferimentos em motins, dois morreram na prisão e oito foram depostos. Isso sem falar na Inquisição e nas guerras que muitos patrocinaram ao longo dos séculos em nome do Cristianismo. E ninguém pode negar que a mensagem de Jesus Cristo, e mesmo a atuação de sua Igreja no mundo, na maior parte da sua história, foi sempre a pregação da paz e do amor ao próximo. O mesmo se dá em relação ao Islã, uma religião que prega a paz, a caridade e o amor a Deus. E que faz de milhões e milhões de muçulmanos em todo o mundo seres pacíficos e ordeiros". O brasileiro Ali Kamel é diretor da Central Globo de Jornalismo.

Muhammad morreu numa segunda-feira, dando início a bem mais que uma semana difícil para os seguidores do Islã. Se até 8 de junho de 632 os muçulmanos formavam um grupo coeso, que aceitava sem questionar a liderança do profeta, dali em diante as cisões se tornaram comuns – a principal delas, entre xiitas e sunitas, fazendo vítimas ainda hoje.

Recorde-se que, após perder pai, mãe e avô, aos oito anos de idade Muhammad afinal encontrou abrigo de longo prazo na casa de um tio. Muito tempo depois, casado com Khadija e conduzindo a vida como Deus mandava, bateu-lhe à porta um filho daquele tio – seu primo Ali ibn Abi Talib, então com seis anos. O profeta e a esposa abriram seu lar e seus corações: hospedaram o menino por muito tempo, até que ele se tornou um adulto e desposou Fátima, uma das filhas do casal. Por ter-se tornado genro de Muhammad, Ali sofreu triplamente com sua morte: ele perdeu o primo, o sogro e o guia espiritual. Pleiteou a vaga de líder argumentando a pureza da linhagem: somente a consanguinidade garantiria infalibilidade, autoridade moral e união. Quem o apoiava era "do partido de Ali", ou *xiaat Ali*, origem do termo xiita. Já o grupo oposto não dava especial valor ao parentesco, dizia que a autoridade derivava da atitude e que a união seria conseguida pela manutenção da liderança na tribo do profeta, os coraixitas. Os precursores da meritocracia defendiam que ao sucessor de Muhammad bastaria seguir seus *hadices* (ensinamentos verbalizados), silêncios de concordância e atos de exemplo – o conjunto dessas três práticas resulta na *sunna*. Quem apoiava esse argumento eram os sunitas.

A primeira vitória sucessória coube aos sunitas, com a aclamação de Abu Bakr. Embora ele fosse sogro do profeta, seu califado (de 632 a 634) não se apoiou no fato de ser pai de Aisha, e sim em seu valor como seguidor devoto do Islã e sua capacidade para a função. Segundo pleito e nova derrota para o genro do profeta: o califa escolhido depois de Bakr foi Umar ibn Al-Khattab, que governou entre 634 e 644. Nova disputa e mais uma eleição perdida pelo primo Ali – o terceiro califa foi Uthman bin Affan, de 644 a 656. O persistente candidato obteve a vitória na quarta tentativa: Ali ibn Abi Talib se elegeu sucessor de Muhammad e governou de 656 a 661, quando morreu assassinado. Até este ponto, xiitas e sunitas estão de acordo: ambos os ramos consideram que os quatro primeiros califas são os legítimos, verdadeiros e corretos sucessores do mensageiro. Mas então houve um segundo evento decisivo, e a convivência jamais foi a mesma para os partidários de Ali e os defensores da suna.

Com a morte de Ali, seu filho mais velho, Hassan, se candidatou ao posto, mas foi convencido por Mu'awiya a esperar a vez. Mu'awiya se tornou o quinto califa prometendo fazer de Hassan o sexto, mas traiu o acordo, matou Hassan e tratou de levar o próprio filho, Yazid, ao poder. Alguns anos depois, Hussein – irmão mais novo de Hassan e caçula de Ali ibn Abi Talib – enfrentou Yazid. Hussein tinha as mortes de seu pai e de seu irmão a vingar, além de também almejar tornar-se califa. Enfrentando com um punhado de homens o poderoso exército de Yazid, Hussein foi massacrado. Esse sacrifício voluntário e consciente deu ao xiismo os contornos dramáticos que ainda subsistem, 14 séculos depois. Para Peter Demant, a derrota militar foi de certo modo uma vitória para a facção, pois "imbuiu os simpatizantes da vergonha e da determinação de nunca mais trair a causa justa de Ali".

Enquanto os seguidores da suna se consolidaram como legítimos guardiões dos ensinamentos de Muhammad, os crentes puros e verdadeiros, ortodoxos que não se afastam das raízes, rechaçam as novidades e somam 85% dos muçulmanos do mundo, os seguidores de Ali acrescentaram à práxis islâmica uma dose de misticismo, manifestações exuberantes de sofrimento, um viés de contestação e de luta por justiça social. Os xiitas mantêm ainda hoje as homenagens a Ali, preterido e assassinado; a Hassan, traído e assassinado; e a Hussein, que por honra e fé se imolou em uma batalha que de antemão sabia perdida. No autoflagelo anual de chicotadas nas costas, facadas na testa, sangue, paixão, lágrimas de arrependimento, culpa e dor, xiitas esmagados pelo remorso expiam sua falha.

Se a cisão entre sunitas e xiitas fica assim um pouco mais compreensível, talvez reste o mistério envolvendo as desavenças de longa duração entre dois povos xiitas. Além da manipulação política, os respectivos governantes lançaram mão do orgulho étnico para contrapor iraquianos, que são árabes, a iranianos, que são persas. A fé em Deus, as palavras de Muhammad e o respeito ao Alcorão, que deveria uni-los, mostraram-se insuficientes. Exceto pela questão sucessória (que, bem analisada, foi uma luta por poder que passou longe de discordâncias teológicas), sunitas e xiitas concordam sobre quase tudo. Ainda assim, há lugares em que a rejeição é quase asco. Maria Damasceno comentou o ponto de vista dominante na Arábia Saudita, onde 100% da população segue o sunismo: "A visão do sunita é que o xiismo estragou o Islã, deturpou. Foi dito pelo profeta que não haveria seguidores. Os xiitas adotaram um seguidor, isso já estragou. O autoflagelo deles, para os sunitas, é um ultraje, é revoltante dizerem que é religião, acham inaceitável. Os xiitas batem lâminas na cabeça e esse martírio inclui até as crianças, é uma imagem horrível mostrada no mundo todo". A rejeição pode ser compreendida totalmente à luz deste comentário final: "Os sunitas preferem fazer negócio com judeu a fazer com xiita".

Ao morrer, o bom muçulmano vai para o céu, ponto pacífico. Mas o que ocorre a seguir não é consensual. Haverá ou não donzelas para recepcionar os recém-chegados? E se o falecido for viúvo, quem o receberá: aquela que foi sua esposa terrena ou algumas virgens especialmente reservadas? E quando chega ao Além uma mulher, qual sua recompensa: 72 rapazes viris e solícitos, de taça em punho, que lhe darão de beber o leite celestial? Afinal, o que há no paraíso? "Ah, isso eu quero, *inshallah*, saber", responde o turco Mustafá, desviando-se por um momento da frontalidade da pergunta. "No paraíso vai ter todos os prazeres que a gente tem gosto aqui, mas não tem sempre ou tem com limitações. Isso se refere às bênçãos, belezas naturais, a tomar e comer e também às relações que a gente vai ter. Porque ninguém pode alegar que não gosta de ter relação. É uma necessidade do humano e também um prazer grande que Deus colocou, e ainda bem que colocou. Isso faz continuar a humanidade. Se não colocasse prazer, talvez as pessoas não teriam motivo de ter relação e o mundo não teria continuidade" – e acrescenta, sorrindo, seu argumento favorito: "Isso é lógica". O Alcorão explica detalhadamente como é a vida depois da morte, narra as atrocidades infernais e descreve as delícias paradisíacas. Mustafá descreveu a dinâmica celeste naquilo que o céu tem de mais presente no imaginário popular: sexo. "Lá também a pessoa vai querer o que é prazeroso. Um muçulmano viveu solteiro, nunca se relacionou com ninguém e nunca fez adultério, porque Deus não permitia. Ele é homem, macho, tinha essa necessidade, essa vontade, mas se segurou porque não tinha permissão. Seria um castigo não ter relação lá também! Justamente, vai ter virgens para essas pessoas." Isso ainda não explica a questão do falecido que tinha esposa em vida, observo. "Mulher vai ter, mas para atender ao prazer, à necessidade humana de quem não teve aqui. Alguém que entra com sua mulher, ela vai parecer muito mais bonita, mais atrativa que as virgens, ele nem vai ter olhos nas outras." Enquanto não morre, o homem casado que porventura tenha olhos para as outras ainda pode agradar a sua senhora cobrindo-a de cumprimentos, ainda que falsos. De fato, conforme se aprende no jornal Nurul Islam, editado pela Sociedade Beneficente Muçulmana do Rio de Janeiro, "a mentira só é permitida no Islam em dois casos: entre o casal, quando o marido deseja agradar à esposa (e vice-versa), dizendo, por exemplo, que ela é a mulher mais linda do mundo, ou elogiando a comida, quando na verdade ele não gostou tanto assim. E quando se tenta reconciliar dois amigos que estão brigados, dizendo a um deles que o outro falou bem dele e deseja fazer as pazes, fazendo o mesmo com o outro".

Perguntei ao xeique Samy Alboraiy o que uma mulher encontra no paraíso. Al-Sharif, o intérprete, traduz uma longa explicação sobre pessoas recompensadas por sua obediência a Deus e sobre a plenitude que aguarda os bons crentes, incluindo a satisfação ilimitada de desejos. Certo, mas e as mulheres: encontram o quê? Vários homens à disposição? "Realmente, a esposa, ela encontra com seu marido, o mesmo marido. Será ela a chefe das moradoras do paraíso. Ela é privilegiada, não faltará nada a ela em tudo que ela pensa. Não há necessidade que ela tem vários homens. Ela vai ter tudo que ela imagina sendo a administradora, digamos. Ela tem o marido dela e tem as moradoras no paraíso e ela chefia essas moradoras e não faltará nada para ela. Aqui na Terra a mulher não deve ter de uma forma lícita mais do que um homem. Ela pode ter um só depois de divórcio ou falecimento do marido, mas ao mesmo tempo não pode. Como aqui não pode uma mulher ter mais que um homem, a mesma coisa lá, porque o que é administrado por Deus não pode ser contrariado."

Em "Minha briga com o Islã", Irshad Manji propõe uma recompensa, por assim dizer, "de terceira via", capaz de satisfazer igualmente a homens e mulheres sem que nenhum dos dois gêneros exista para o desfrute sensual privilegiado à custa do outro. Apoiando-se na suposição de Christoph Luxenberg, "um especialista em línguas do Oriente Médio", ela escreveu: "Nada de virgens de olhos negros. *Hur* poderia ser traduzida de forma mais precisa por 'passas brancas'. Não riam. Pelo menos não riam muito. Na Arábia do século VII, as passas eram uma iguaria suficientemente cara para serem consideradas um manjar dos céus". É uma ironia de salão, capaz de entreter a audiência momentaneamente, mas não sobrevive nem sequer à mais rasa das pesquisas – Christoph Luxenberg é um pseudônimo. Se esse fato, sozinho, não automaticamente desqualifica suas proposições, tampouco contribui para a credibilidade do que alega. Enquanto o leitor se diverte imaginando o espanto do falecido ao receber suas passas brancas à entrada do paraíso, compreende-se por que a irreverente muçulmana Irshad não é a figura literária mais apreciada entre líderes e crentes da própria religião.

Os mártires da causa islâmica que se explodem em nome de Deus jamais saberão que recompensas existem, no paraíso, para os bons muçulmanos, pela suficiente razão de que suicidas *não são* bons muçulmanos. O suicídio movido a religião, surgido no século XI, teria na verdade pego de surpresa os fiéis islâmicos. Ali Kamel defende que, à pergunta "O que leva alguém a se matar para matar outras pessoas?", os crentes da época raciocinaram: "Só faria isso alguém drogado – os *hashshashin*, os que fumam haxixe". A seita teria surgido em 1090 e começado a agir no Egito dois anos mais tarde. O grupo foi exterminado em 1240 e a prática permaneceu adormecida até o século XX, quando xiitas do libanês Hezbollah atacaram a embaixada dos Estados Unidos em Beirute e mataram 241 pessoas. Talvez tenha sido esse o ato que associou xiismo e radicalismo. No Brasil, em pelo menos uma publicação séria, o termo xiita foi dicionarizado, entre outras acepções, como sinônimo de radical: o Aulete Digital. Se a explosão da embaixada é largamente conhecida, o mesmo não pode ser dito sobre o perfil dos agressores: "Apenas oito muçulmanos fundamentalistas, mais três cristãos e 27 comunistas e socialistas", esclarece o Instituto Gallup no livro "Who speaks for islam? What a billion muslims really think".

Bons muçulmanos obedecem a uma dieta específica. O Islã se ocupa amplamente da alimentação de seus seguidores, não apenas vetando carne de porco, assim, de forma genérica e algo descuidada, mas detalhando minuciosamente os rituais de abate, as regras de manufatura, estocagem e comercialização e distinguindo, no melhor estilo severino, morte matada de morte morrida: é proibido consumir qualquer animal que morra por si mesmo. Para ser *halal* (em árabe, lícito, permitido, autorizado), toda comida precisa ser purificada e seguir normas rígidas de processamento.

Os versículos 172 e 173 da segunda surata do Alcorão definem o que é um alimento islamicamente impróprio: "Ó fiéis, desfrutai de todo o bem com que vos agraciamos e agradecei a Deus, se só a Ele adorais. Ele só vos vedou a carniça, o sangue, a carne de suíno e tudo o que for sacrificado sob invocação de outro nome que não seja de Deus. Porém, quem, sem intenção nem abuso, for impelido a isso, não será recriminado, porque Deus é Indulgente, Misericordiosíssimo". No quinto capítulo, versículo três, a inadequação é mais detalhada: "Estão-vos vedados a carniça, o sangue, a carne de suíno e tudo o que tenha sido sacrificado com a invocação de outro nome que não seja o de Deus; os animais estrangulados, os vitimados a golpes, os mortos por causa de uma queda, ou chifrados, os abatidos por feras, salvo se conseguirdes sacrificá-los ritualmente; o (animal) que tenha sido sacrificado nos altares. [...]". O livro sagrado faz referência ao tema ainda outras vezes, e Muhammad, em seu *hadice* número 17, observou também: "Deus ordenou que tudo fosse feito com perfeição. Se é preciso matar, que se proceda da melhor maneira e, ao abater, proceda-se do melhor modo, afiando a faca e acalmando o animal". Pela dificuldade de captura ou ante a impossibilidade de conseguir a desejável calmaria, aves de rapina são proibidas.

Uma vez que "vitimado por anzol ou rede" não consta das proibições e não é simples imaginar como sacrificar ritualmente um animal aquático, o leitor que esteja se questionando sobre o *status* de peixes gostará de saber que pescados são permitidos, mas anfíbios, não. Tudo o que brota – algas, cogumelos, raízes, grãos, frutas, verduras, legumes – também é liberado, desde que, evidentemente, não seja venenoso por natureza ou tornado venenoso por agentes químicos.

Dib Ahmad El Tarrass, o auditor *halal* da Fambras, me conduziu à sala onde ficam alguns dos produtos que, após rigorosa inspeção, fizeram por merecer o selo de aprovação da entidade. Insumos a granel, embalados e rotulados sem marca comercial, dividem as prateleiras com garrafas de suco de uva Aurora e Casa de Bento, potes de Nutella, sacos de café Pelé e Iguaçu e de açúcar União e Caravelas, litros de leite Ninho, Piracanjuba e Itambé, queijos Polenguinho e Campo Lindo Fondue. Naquele ambiente, mais à vontade e bem-disposto que no início da entrevista, ele me agraciou com uma aula completa sobre procedimentos islâmicos e o potencial de valor que o selo *halal* agrega aos produtos, começando pelos laticínios: "O queijo, se é fabricado com coalho animal, o estômago do bezerro, não é *halal*. Por quê? Porque, para ser *halal*, ele precisa ser abatido conforme jurisprudência islâmica, mas como você gera rastreabilidade para isso? Impossível, quase; então, na prática, não é. O queijo precisa ser feito com coalho microbiano. Hoje, todas as indústrias brasileiras estão usando coalho microbiano, mais saudável e com menos risco de criar mutação através das enzimas animais. O empresário do açúcar Caravelas não é muçulmano, mas a usina Colombo enxergou o selo de garantia *halal* como diferencial competitivo que não vai trazer um milhão de compradores muçulmanos, mas dez milhões de consumidores interessados em garantias de qualidade".

Os invólucros também são escrutinados, explica o auditor. "Você tem três caminhos de criar embalagem. Tem a verde, feita de etanol, que não é permitida, porque etanol é álcool etílico. Existe a biodegradável, que desintegra rapidamente na terra, mas é feita de gelatina suína, que contamina o alimento, então não pode. E tem a de petróleo, que, em grau alimentício, é *halal*." Em 2005, foi inaugurada em Paris a Beurger King Muslim, lanchonete para muçulmanos cujo nome faz um trocadilho com "beur", os norte-africanos de segunda geração que vivem na França. Em seu número 80, o jornal A Alvorada, editado em São Bernardo, noticiou que foi aprovada na Califórnia uma lei que obriga as cadeias de *fast food* e as lojas de departamento norte-americanas a destinarem seções para clientes muçulmanos. A rede Wal-Mart, contou El Tarrass, abriu uma unidade totalmente *halal* dentro dos Estados Unidos, "para você ver a projeção de crescimento comercial".

Nos supermercados brasileiros, ainda não é possível encontrar mercadorias com o selo verde da aprovação islâmica. Por ora, ao muçulmano nacional cioso de seu cardápio só existem duas opções: questionar o fabricante ou contatar o órgão onde trabalha El Tarrass, a Central Islâmica Brasileira de Alimentos Halal. Ele falou sobre os planos da Cibal: "Nossa expectativa é criar uma revolução comercial, convencer empresários de que vale a pena colocar seu produto com selo de garantia *halal* no mercado interno. Não só para os muçulmanos, que são poucos, mas para qualquer tipo de consumidor interessado em um produto que tem garantia de procedência, de qualidade e referências religiosas". Nos Estados Unidos, onde vive a maior comunidade islâmica das Américas, entre quatro e seis milhões de indivíduos, as donas de casa contam com o típico empreendedorismo local para se abastecer de informações. Os *sites* se contam às centenas e um único deles oferece, provavelmente, mais dados e dicas do que todo o conteúdo disponível em português: o *blog* My Halal Kitchen. Prepare sua receita pesquisando por ingrediente (de *beans*, feijões, a *vegetables*, legumes), por tipo de refeição (café da manhã, entradas, lanches etc.), tipo de cozinha (asiática, escandinava, francesa...), segundo a época do ano (as quatro estações mais o calendário festivo religioso); encontre ainda ingredientes substitutos, escolas de culinária, eventos, concursos, promoções, livros, utensílios, o passo a passo para fazer em casa produtos de beleza – e muito mais.

Mesmo no âmbito da alimentação, o princípio da licitude islâmica não se restringe ao abate do animal, modo de preparo e acondicionamento, como explicou El Tarrass. "Vamos supor que uma indústria produza um alimento 100% *halal*, com boas práticas no processo fabril, equipamentos sanitizantes aprovados, embalagem, tudo. Vamos imaginar que essa empresa venda mil toneladas, ganhe dinheiro lícito, puro. Se ela investir esse dinheiro em ações de cigarro, armas, perde. Não tem mais valor espiritual, o que ela fez se tornou sujo, impuro. Se ela pegar o dinheiro e investir em ações sociais, no meio ambiente, nos recursos naturais, será lícito e vai fechar uma cadeia *halal*."

Como diretor executivo do Grupo de Abate Halal, Ali Saifi está mais diretamente envolvido com a certificação de aviários e frigoríficos, mas nem por isso deixou de abordar o conceito mais amplo do que "permitido" significa. "Eu só posso fazer e vender um produto certo para mim e meus filhos. Por exemplo, criação de cães. Não posso ter de estimação, só de segurança. Então, em relação à prestação de serviço, não posso treinar um cachorro para ser cão de companhia, um *pet*. Mas poderia treinar um para segurança, seria uma prestação de serviço *halal*." Levantei a sobrancelha e sorri, o que talvez tenha parecido uma reação de surpresa pela permissão à atividade de treinar cães de guarda, mas a verdade é que me diverti com a falta de familiaridade dele com o universo canino, e quase o interrompi para esclarecer que cães são *naturalmente* animais de companhia. Não precisam ser treinados para isso.

Saifi avalia que o selo de aprovação islâmica ainda está longe de povoar as prateleiras do varejo nacional porque "o mercado brasileiro não exige e a comunidade ainda não é tão grande", mas no cenário internacional a chancela islâmica é decisiva para os negócios: a totalidade do mercado *halal* envolve 110 países e movimenta mais de dois trilhões de dólares por ano, dos quais US$ 500 bilhões se referem apenas a carne. O GAH presta serviço de consultoria a empresas que almejam vender para muçulmanos, faz transferência de *know-how*, supervisiona matérias-primas, funcionários e processos, atribui a certificação e inspeciona periodicamente. Cada produto tem o próprio tipo controle, uma rotina que ocupa diuturnamente os 300 empregados do Grupo. "A degola do animal é nossa equipe que faz, porque daí não existe influência da empresa, traz muita credibilidade para o frigorífico e para a certificação. Não tem o risco de um patrão dizer 'vou descontar do seu salário', ou 'vou aumentar seu salário'. Um cliente, empresa grande, faz 500 mil aves por dia. Você não imagina que isso é possível com uma pessoa. Então existe uma equipe de 70 muçulmanos trabalhando nessa unidade, parte fazendo o abate, parte supervisionando quem faz o abate e parte inspecionando se o produto está totalmente segregado em todas as etapas."

A lei islâmica estabelece que o animal a ser abatido esteja saudável; que sua cabeça esteja virada em direção a Meca; que lhe sejam cortados traqueia, esôfago, artérias carótidas e jugular; que o funcionário seja um muçulmano física e mentalmente saudável e que pronuncie em voz alta as palavras rituais "Em nome de Deus, Deus é maior", em árabe. Além disso, todas as máquinas, os instrumentos, espaços e roupas devem ser dedicados exclusivamente ao processo *halal*. "Qualquer coisa que tenha a ver com suíno, para nós, é doença. Não pode compartilhar nem do mesmo ar", exemplifica Ali Saifi. Não deixa de ser curioso que o porco, animal desprezado pelo islamismo, seja também o mascote do maior rival de meu anfitrião corintiano. Aceitando o Hall's extraforte que lhe ofereço, ele continua: "Tudo que vem do mar é *halal*, mas tem um povo, uma parte dos muçulmanos, que divide: peixe com escama é permitido, sem escama não é. Se o Brasil vai exportar para um país com esse entendimento, não posso dar o certificado, tenho que respeitar. Como no Paquistão, onde não comem lula, polvo. Tenho que garantir que o peixe que vai para lá seja um peixe com escamas, não camarão, lagosta ou peixes de água doce sem escamas". O GAH atende a "80 ou 90 frigoríficos" e também indústrias de pizza, lasanha, nuggets, queijos e temperos. Ajinomoto, por exemplo, é *halal*.

As vendas brasileiras para mercados islâmicos vêm crescendo e se diversificando. Uma vez comprovada a qualidade das carnes bovina e de aves, as indústrias nacionais agora exportam também açúcar, suco de uva, água, derivados de óleo e ovos. É apenas um entre os muitos fatos positivos envolvendo a comunidade muçulmana e o agronegócio no país. A notícia foi originalmente veiculada na Folha de S.Paulo em 26 de junho de 2010 e continuava na primeira página do *site* da Cibal meses depois – indício de que nem sempre a imprensa merece o desprezo de quem estuda Jornalismo, História ou Política.

Em vida, Muhammad transmitiu a derradeira mensagem de Deus. Falecido, deu origem a um novo lugar sagrado: a mesquita construída sobre seu túmulo, em Medina, se tornou local de peregrinação e só perde, em número de visitantes, para Meca. Mas o legado conjunto (existência, missão e morte) continua beneficiando a humanidade toda, as nações e o próprio planeta, incluindo os que vivem longe de conflitos, aqueles que não seguem o Islã e até quem jamais viu um muçulmano ao vivo e em cores. Como explica M Fethullah Gülen em seu *Perguntas e respostas sobre a fé islâmica*, a mensagem do profeta Noé foi ignorada pela população e Deus altíssimo os castigou com o dilúvio; da mesma forma, Sodoma não deu ouvidos ao profeta Ló e Deus clemente os exterminou com enxofre. Os homens pecam hoje como talvez nunca antes, e, apesar disso, o exaltado criador não nos destrói em massa – por quê? "Todos os mensageiros foram responsáveis apenas por seu próprio povo. Porém, o Profeta Muhammad, o último Profeta, foi enviado para toda a humanidade e do mesmo modo para a criação", afirma o autor. "Muitos muçulmanos ou não muçulmanos cometem os mesmos erros que eram reprovados em tempos passados. Contudo, graças ao Profeta Muhammad ter sido enviado para toda a humanidade, ficamos protegidos da aniquilação total ou de um castigo similar ao infligido sobre os povos antigos", completa.

Se coletivamente a vida humana está protegida, um pouco por dia continuam os indivíduos morrendo de fome, de fraqueza e doença – e também por isolamento social, intolerância e apedrejamento. A Anistia Internacional divulgou em março de 2010 que o país que mais executou cidadãos no ano anterior foi a China (certamente não por motivos religiosos), seguida de Irã, Iraque e Arábia Saudita. Como instituição jurídica, ou seja, como letra oficial, reconhecida e legitimada pelo Estado, a pena de morte por apedrejamento existe no Irã, Paquistão, Sudão, na Arábia Saudita e Líbia. No evento que ocorre em nome de Deus, o Clemente, o Misericordioso, acelerar a morte é proibido. Pela lei islâmica, apedrejadores devem ter um exemplar do Alcorão sob o braço, para limitar a força da pedrada; também é proibido atirar pedras grandes demais – o tamanho máximo permitido equivale ao de uma bola de tênis. Contra si mesmo, o muçulmano pode menos. O suicídio e a eutanásia são pecado no Islã, pois "o ser humano não tem poder sobre si e não tem o direito de tirar a própria vida".

A violência de que tantos acusam o islamismo faz vítimas entre os próprios seguidores. Ao longo de sete décadas, o escritor egípcio Naguib Mahfouz escreveu cerca de 500 obras entre romances, contos, roteiros de filmes e peças de teatro; foi traduzido para várias línguas, ganhou o Nobel de Literatura em 1988 e morreu esfaqueado em 2006 pelo romance "Crianças de Gebelawi", em que Deus e Muhammad foram retratados "com heresia", segundo seu assassino, também muçulmano. A intransigência religiosa atingiu outros dois laureados. Abdus Salam, primeiro muçulmano a receber um Nobel em Ciências (em 1979, ele dividiu o prêmio de Física com dois norte-americanos), foi impedido de voltar a seu Paquistão natal e teve sua cidadania cancelada por decreto – aquele era o terceiro reconhecimento internacional conquistado por um reles *ahmadi*, ramo minoritário do Islã; que o cientista continuasse desafiando conterrâneos e sobrepujando muçulmanos de outras correntes pareceu intolerável às autoridades. Mesmo a Nobel da Paz Shirin Ebadi não teve melhor sorte, em 2003. A advogada e ativista dos direitos humanos foi a primeira pessoa iraniana, e a primeira mulher muçulmana, a ganhar um Nobel em qualquer categoria, mas o governo confiscou o prêmio e o valor em dinheiro. Nove anos antes, a atribuição do Nobel da Paz a Yasser Arafat gerou muita controvérsia, reclamação e até manifestações indignadas devido a seu passado de terrorista. Até onde pude apurar, ninguém foi esfaqueado por discordar da premiação ao líder (que se casou com uma palestina cristã que nunca se converteu).

A proximidade de "esposa" e "Islã" facilmente traz à lembrança o caso de Sakineh Ashtiani, acusada de adultério e assassinato e ameaçada de morte por apedrejamento. Contra a primeira acusação, um ensinamento de Muhammad pode vir em socorro da iraniana. Conta-se que Aisha, uma das esposas do profeta, vinha de uma expedição quando deu pela falta de seu colar. Voltou para buscá-lo e só foi reaparecer no dia seguinte, em companhia de um condutor de camelos. A maledicência não tardou, mas, antes de qualquer consequência, seu marido recebeu uma revelação segundo a qual ela era inocente – e mais: dali em diante, jamais uma acusação de adultério poderia ser feita sem a garantia de quatro testemunhas que tivessem presenciado a traição, ou de uma testemunha que tivesse presenciado o ato três vezes. Mesmo uma eventual condenação por assassinato pode não levar Sakineh à morte. Em "O Estado islâmico e sua organização", Sami Armed Isbelle ensina: "Em caso de homicídio deliberado, a punição é a pena de morte para o criminoso, *ou* o pagamento de indenização à família da vítima *ou* o perdão dado ao criminoso pelos familiares da vítima". Sakineh está viva, presa na cidade de Tabriz.

Mil e quatrocentos anos depois do que se passou com a mulher de Muhammad, o episódio ainda motiva reações explosivas. The Random House Publishing Group, prestigiosa casa editorial de

85 anos, cancelou a publicação do romance histórico "The jewel of Medina" e rescindiu o contrato com Sherry Jones depois de receber ameaças e ter uma subsidiária incendiada por três homens contrários à maneira como a autora retratou Aisha. Denise A Spellberg, professora de História Islâmica na Universidade do Texas, teve acesso ao livro e publicou no Wall Street Journal artigo em que classifica a obra como "uma representação errônea e desrespeitosa, capaz de provocar irritação entre alguns muçulmanos". Além de acalmar a irritação, a medida adotada pela Random (prudente? Covarde? Exagerada? Tardia?) provavelmente preservou seu patrimônio do vandalismo e protegeu a vida de editores, distribuidores, livreiros e outros autores. Colateralmente, talvez tenha também impedido que a imagem do Islã fosse ainda mais chamuscada.

Fundamentalismos assim estão na raiz da análise do historiador Peter Demant, que em "O mundo muçulmano" escreveu: "Há mil anos, o islã estava integrado no progresso científico, trabalhando os clássicos gregos perdidos na cristandade e avançando na matemática, astronomia, química, ótica, medicina, geografia e outras ciências. Novas invenções ajudaram a tornar o império muçulmano o mais poderoso do mundo. Esses avanços, porém, depenederam de um ambiente livre de exame, que foi gradualmente solapado pela virada ortodoxa do sunismo. Há muito, estudos científicos antes bem-vindos no Cairo, Bagdá e Shiraz [no Irã] se transferiram para Paris, Londres e Nova York e, recentemente, também para Tóquio, Bangalore e Tel-Aviv. Ainda não voltaram a Bagdá, Teerã ou Islamabad". O livro de Demant é de 2004, mesmo ano em que Theo van Gogh, holandês como o autor, foi assassinado por um muçulmano de origem marroquina. Mohammed Bouyeri esfaqueou o cineasta por ter dirigido "Submissão", um filme de onze minutos idealizado por Ayaan Hirsi Ali (a refugiada somaliana que participou do programa Roda Viva). No tribunal, o assassino confesso declarou ter sido movido por convicção religiosa e que repetiria o ato se tivesse a oportunidade. Ao condená-lo à prisão perpétua no ano seguinte, o juiz Udo Willem Bentinck disse que a vítima tinha sido abatida sem piedade – em resposta, ouviu do réu: "A lei me compele a arrancar a cabeça de qualquer um que insulte Alá e o Profeta". O curta-metragem pode ser visto impunemente no Youtube, com áudio em inglês e legendas em holandês, procurando-se por "submission part 1".

Vitimados por desastres naturais, perseguição religiosa, instabilidade política e guerras de variados tipos, muitos muçulmanos pedem asilo em países do Ocidente, inclusive o Brasil, onde às vezes conseguem emprego no Grupo de Abate Halal. Ali Saifi contou: "A gente contrata funcionários nas mesquitas, pessoas que chegam pela ONU. Os muçulmanos estão aí sem ter o que fazer, fugindo do país deles. Imigrantes? Esses para mim são prioridade, tenho responsabilidade sobre eles". Um provedor habitual de trabalhadores para o GAH é a Cáritas, órgão católico ligado à Conferência Nacional dos Bispos do Brasil. "Sempre contratamos pessoas indicadas pela Cáritas, sempre. Não tenho o número exato, mas entre meus sangradores devem ser uns 30%, e não só da Cáritas. Desde que o refugiado esteja legal, a gente contrata e paga até um valor a mais, por mês, para ajudar." Saifi riu quando perguntei se empregava apenas homens. "Tenho mulheres na parte administrativa. Mas mandar uma senhora, mãe de família, lá para o fim do mundo, matar 500 cabeças de boi por dia, não está certo. Não é questão de machismo nem feminismo. Ninguém merece."

Para além da morte ritual dos animais, da morte de inocentes por extremistas, da morte de culpados pelo Estado e da morte social pelo desterro, ainda mais uma pode estar surgindo no horizonte islâmico: o banimento do véu. *Hijabs*, *niqabs* e *abayas* frequentam as conversas cotidianas dos europeus há vários meses. Talvez anos. Quando sofreu com escassez de mão-de-obra, a Europa importou trabalhadores, ao que tudo indica, sem se importar com suas etnias, nacionalidades ou religiões. A partir da crise da década de 1970, a recessão econômica revestiu essas características de aguda importância. Os países tentaram repatriar os imigrantes. Eles resistiram. A xenofobia aumentou contra todos os grupos minoritários, muçulmanos em especial, subitamente considerados feios, sujos, malvados – e opressores das mulheres. Na Itália de 2010, algumas cidades do norte aplicam uma lei antiterrorismo de 1975 para proibir indivíduos de cobrirem o rosto em espaços públicos. Em vigor ou em debate estão medidas semelhantes na Bélgica, Espanha, Holanda e Inglaterra. Na França, onde o veto já percorreu com sucesso metade do percurso jurídico necessário à aprovação, a lei também proíbe cristãos de usarem cruzes e *sikhs* de usarem turbante, nas escolas. A Alemanha, que já contava dois milhões e meio de muçulmanos na virada do século, não fez nenhum movimento pela proibição, que seria inconstitucional pelas leis do país.

Hadil concorda que em algumas nações islâmicas existem "problemas na questão dos direitos da mulher", e que possivelmente vai demorar para que essa situação mude. "Porém", ela escreveu, "em outros países, ao contrário do que muitos pensam e do que é divulgado, as mulheres são sim respeitadas, se vestem como querem, estudam, trabalham, viajam, possuem seus círculos de amizade e não são obrigadas a usar o véu, usam por vontade própria". Para ela, a proibição fere princípios que deveriam ser inalienáveis. "Primeiramente, na democracia, todos são livres para falar, pensar e usar o que quiserem. Se a França tem a teoria de que com isso fará com que essas mulheres sejam 'livres', é justamente o contrário que irá ocorrer. As muçulmanas, se sentindo podadas, passarão a viver à margem, já que a filosofia de vida delas inclui o uso véu e justamente é ele que permite que elas saiam, se locomovam e interajam com a sociedade."

No Brasil, nada nem palidamente semelhante parece estar a caminho de ser adotado. Se, como disse Ali Saifi, já existe gente se movimentando para proibir o véu no país, a realidade jurídica é bem oposta. "Não é que agora exista uma lei dizendo que muçulmana pode... Não. Não é lei, mas existe o *entendimento*, na Polícia Federal, de que a mulher muçulmana tem o direito de usar o véu na foto do passaporte. Está conscientizado. Basta pegar num documento, nosso ou de outra entidade islâmica, provando que ela é muçulmana, e já tem o direito. Foi até uma briga que se iniciou com a minha irmã, faz uns dez anos." E no momento, há alguma batalha em curso? "Nossa grande preocupação agora é com o produto *ha-*

lal, que precisa ser reconhecido como um abate especializado. Está dando um pouquinho de trabalho." Ele explicou que, para o Ministério Público, o sacrifício ritual é um trabalho comum, interpretação que liberaria a atividade para ser exercida por qualquer indivíduo. Seria o fim de certificação e das exportações, para não citar a insatisfação da comunidade: um abate islâmico é obrigatoriamente executado por um muçulmano. "É importante que seja reconhecido como especializado para preservar a religião, mas não precisa de uma lei especial. O véu já está aí", disse, antes de concluir: "Não existe um grande projeto agora, um problema. Na Holanda, a segunda maior religião é a islâmica, mas eles não podem construir mesquitas, lá. Se queremos construir uma mesquita aqui, uma escola, a gente constrói. Nós estamos bem, não adianta reclamar de barriga cheia".

Dib Ahmad El Tarrass, o auditor de procedimentos islâmicos da Fambras, também falou sobre as crescentes restrições que a Europa vem aprovando ao *niqab* e à burca – lembremos que o *hijab* não esconde o rosto e, portanto, continua permitido. "Você está no meio jornalístico, né?" Confirmei. "Você pode observar que em cada cultura existe uma vestimenta. Ninguém critica a vestimenta dos outros, pelo contrário, admira e tal. Eles colocam a vestimenta islâmica como se fosse um entrave à humanidade." Quando perguntei por que, na opinião dele, isso acontecia, não obtive mais que um desabafo evasivo. "Aí nós vamos ter que entrar em uma questão política e econômica. Na verdade tudo isso é inversão de valores, a sociedade está se desintegrando, transformando coisa certa em errada e errada em certa. Está invertendo." Já o xeique da entidade, Khaled Taky El Din, foi bem mais específico em seu ponto de vista. "A proibição é uma coisa muito ilógica", começou, "quando permite à mulher sair pelada, com biquíni, e não permite à muçulmana colocar o véu". O religioso citou a mãe de Cristo. "Considera Maria, mãe de Jesus, que a paz esteja com ela. Uma mulher excelente, exemplo, tem liberdade para colocar o véu. Por que não a muçulmana? Então é uma coisa contra a dignidade humana. O Ocidente fala sobre liberdade e não tem nada de liberdade, infelizmente. A freira é bem legal se coloca o véu, não tem problema, mas a mulher muçulmana não pode. É injustiça." Mas para as freiras o véu é um sinal *religioso*, ressalvo. Muçulmanas não são uma ordem religiosa. Tornar-se freira pressupõe a adoção do hábito. E as muçulmanas: usam os lenços porque querem? "Claro! Com muita liberdade e pelos mandamentos religiosos também, a gente não vai negar isso, que se cuida da mulher. Deus mandou, no Alcorão Sagrado, que a mulher tem que cobertir, cobertar, acobertar a cabeça. Isso é para o bem dela, do homem e da comunidade."

Como ex-freira católica e atual muçulmana, Jucimara Prestes Matos tem um posto privilegiado de observação sobre a celeuma das roupas islâmicas. Em relação à Europa, ela atribui a resistência ao medo do desconhecido. "Penso que a sociedade busca soluções imediatas baseando-se em afirmações de especialistas em segurança que fazem suposições equivocadas e disseminam tal pensamento para outros níveis da sociedade", ponderou. A questão, no Brasil, não faria tanto sentido: "Ora, se não debatemos o uso da minissaia e das roupas justas! Ademais, nossa sociedade não faz distinção, de modo geral. Até porque somos carregados de expressão cultural e religiosa: festa de São João, 'Padim' Cícero, Nossa Senhora Aparecida, candomblé... Somos um povo ecumênico e as expressões de repulsa vêm de uma minoria quase inexpressiva". Insisto: mas as roupas tradicionais não seriam um reforço à segregação, uma marca a distinguir os indivíduos e prejudicar uma integração efetiva entre vizinhos ou povos? "De forma alguma. Muçulmanas sem lenço estão inseridas na sociedade e transmitem a riqueza do Islam assim como as mulheres de *hijab*. Estão presentes em todas as classes, nas mais diversas profissões, sem pressão ou perseguição." Eis que o cosmopolitismo paulistano volta gloriosamente à cena pelas palavras de uma paranaense em cuja história de vida abundam exemplos de tacanhice. "Ser muçulmana em São Paulo me permite ter uma convivência tranquila, porque nesta cidade as excentricidades fazem parte da vitrine, são parte do *status* de 'capital de todas as culturas'. Quem vive aqui tem a consciência de que é necessário conviver para que essa riqueza seja mantida."

Em certo sentido, a aparência, o comportamento, as roupas e palavras de Jucimara também causam danos fatais. Enquanto Islã é submissão e tantos matam e morrem em sua defesa pública, é a altivez de sua obediência silenciosa que destrói ideias inexatas ou preconcebidas. Sua coerência humilde, seu exemplo sincero e a convicção serena com que expõe suas escolhas tornam gratificante e até poético o funeral de conceitos eventualmente desinformados. "Sou muçulmana e não é pela roupa que visto ou pela opção de usar *hijab* que vou me qualificar para entrar no paraíso ou ser merecedora de privilégios já nesta vida. Deus espera que eu seja muito mais do que isso", ela disse.

Renascimento
Ou de como viver plenamente sem ter de morrer para ressuscitar

Quando comecei a estudar o Islã, o que eu conhecia sobre a religião cabia em um parágrafo bem curto: "Maomé", meninas mutiladas, mulheres oprimidas, pobreza, violência, ignorância, várias rezas por dia e um texto sagrado chamado Alcorão – ou seria Corão?

Onze meses depois, um pouco menos ignorante, muito do que aprendi nem mesmo coube nesta obra. Por restrições de tempo e tamanho, ficaram de fora dados históricos, questões teológicas, regulamentações financeiras e várias curiosidades que talvez contribuíssem para oferecer aos leitores novas possibilidades de opinião sobre a religião e seus seguidores. Entre meus novos conhecimentos, o menos importante é o nome do livro. Corão e Alcorão são igualmente aceitos. O mais importante aprendizado talvez seja este: o Islã tem um sério problema de imagem – e a responsabilidade por isso cabe a seus seguidores. Os muçulmanos não divulgam como poderiam as contribuições que deram à humanidade, no passado; não valorizam como deveriam as conquistas do presente; não reagem adequadamente ao que é mal reportado pela imprensa; não combatem o suficiente os fundamentalistas que conspurcam a crença e que por meio de violência invalidam as contribuições, anulam as conquistas, alimentam notícias desfavoráveis e fortalecem a imagem negativa da religião.

Os inventos e as descobertas com os quais eruditos islâmicos presentearam a civilização não se restringem à breve lista apresentada nos capítulos anteriores nem se limitam ao passado distante. Entre os exemplos dos séculos XX e XXI estão a criação do IDH (o Índice de Desenvolvimento Humano foi idealizado pelo economista paquistanês Mahbub ul Haq. Hoje, "o relatório é publicado em dezenas de idiomas e em mais de cem países", diz o *site* do Programa das Nações Unidas para o Desenvolvimento) e o Prêmio Nobel de Física de 1979, o de Química de 1999, o de Literatura em 1988 e 2006 e o Nobel da Paz em 1978, 1995, 2003, 2005, 2006 e 2014.

Apesar dos desastres naturais, das guerras travadas no exterior e dos conflitos internos que os castigam, às vezes há décadas, vinte países onde pelo menos metade da população é muçulmana têm expectativa de vida mais alta que a brasileira – entre eles Argélia, Cisjordânia e Líbia. E dezoito países onde pelo menos metade dos habitantes é muçulmana têm um percentual menor da população vivendo abaixo da linha da pobreza do que o Brasil – entre eles Irã, Iraque e Paquistão. Os dados são da CIA.

Ao mesmo tempo em que se queixa da grande imprensa, a comunidade islâmica parece não empenhar grande esforço para apresentar a própria versão dos fatos. Os veículos impressos de comunicação aos quais tive acesso (por exemplo, o jornal A Alvorada e a revista Evidências) são, simplesmente, muito ruins. As falhas de diagramação são grosseiras; os erros de português, inacreditáveis; a tiragem, pequena; a distribuição, restrita; as fotos, frequentemente publicadas em baixa resolução. Com a maioria dos livros ocorre a mesma coisa: há problemas de tradução, de sintaxe, gramática e até ortografia, a começar pelo próprio Alcorão – onde a palavra "nobre" está grafada "nober" *em plena capa*! Na internet, claro, o cenário não é melhor.

Faltam manifestações públicas, amplas e enfáticas de repúdio aos extremistas. Se atos violentos não fazem parte da doutrina islâmica, se atos suicidas são condenáveis, se a religião rejeita o terrorismo, é preciso comunicar isso a quem acompanha o noticiário pela mídia convencional. São esses milhões de ouvintes, telespectadores e internautas que formam a opinião pública, que votam em políticos mais ou menos conservadores, empregam pessoas, educam crianças e jovens, compram ações, patrocinam causas, prestam serviço e trabalham na imprensa. Não cabe a quem consome notícia buscar variados pontos de vista sobre o que é relatado por sua fonte habitual de informação. É a quem interessa transmitir algo novo que cabe levar sua mensagem ao público. O sentido da comunicação é tão evidente e a necessidade de ação tão dolorosamente óbvia que a omissão dos interessados chega a irritar.

No brilhante discurso que proferiu na Assembleia Legislativa do Estado, em maio, a cientista social Magda Aref Abud Latif falou sobre a mídia não ser muito generosa com os muçulmanos. Ela está certa no que disse, mas errada no princípio que adotou: a função da mídia *não é* exercer generosidade, mas reunir e distribuir relatos de acontecimentos que impactam a sociedade. Um indivíduo que se explode é notícia. Se um após o outro dos indivíduos que se explodem seguem a mesma religião, isso também é notícia. Produzir e disseminar *outras* informações ou fornecer novo enfoque sobre as *mesmas* informações são apenas algumas das providências que a comunidade islâmica poderia tomar para romper com o círculo autoimposto de muxoxos acabrunhados contra uma mídia que, enquanto for fiel a seus princípios seminais, jamais será generosa.

O silêncio estéril dos muçulmanos agrava a associação entre Islã e violência que o consumidor de notícias faz, inevitavelmente, ao comparar as reações de outros crentes aos ataques à própria fé. Quando a edição da Playboy portuguesa trouxe na capa um modelo representando Jesus, tendo ao colo uma moça seminua, numa cama de casal em cuja cabeceira se lia "O Evangelho Segundo Jesus Cristo", a matriz norte-americana manifestou seu "profundo desagrado pela concepção chocante"; seguiu-se um debate sobre a eventual perda da licença de publicação por parte da representante lusitana. Com todo o destaque que a imprensa deu ao caso, não se ouviu falar de um único cristão (fosse católico, evangélico, protestante) ameaçando de morte o diretor de arte, o fotógrafo, os modelos, o edifício da gráfica, os jornaleiros ou os leitores; não houve intimidação moral nem represálias fatais. Eventuais retaliações, se ocorrerem, serão em âmbito corporativo-econômico: contrato rescindido, por parte da Playboy norte-americana; suspensão do recebimento, por parte de assinantes ultrajados; campanha contra a revista, por parte de indignados em geral. O caráter moral da reprimenda se mantém, mas as manifestações de desagrado não chegam nem perto do que ocorreu ao dinamarquês Kurt Westergaard quando ele desenhou uma charge de Muhammad, em setembro de 2005: embaixadas da Dinamarca foram atacadas na Síria e no Líbano; protestos levaram à morte dezenas de pessoas no Paquistão, na Nigéria e na Líbia; o ilustrador vive sob proteção policial. Como se não bastasse, extremistas islâmicos ainda prometeram US$ 1 milhão de recompensa a quem o assassinasse – e um somaliano quase conseguiu, ao invadir de madrugada a casa de Westergaard, portando faca e machado. Foi preso aos gritos de que voltaria.

Há sociedades em que as pessoas discordam, esperneiam, punem com todos os recursos disponíveis; brigam, reclamam e cortam relações pessoais, profissionais, institucionais, mas não expedem sentenças de morte e, principalmente, não matam por divergência religiosa. Se o Islã tem um problema de imagem em sociedades assim, e se a religião não compactua com as agressões praticadas em seu nome, é preciso que os líderes façam alguma coisa *além* de reclamar. Queixar-se de perseguição e má-vontade é apenas uma fuga covarde do problema, uma vez que os fanáticos extremistas se *declaram* muçulmanos. Sua crença não é suposta pelo ouvinte ou adivinhada pelo telespectador, é *anunciada* pelo criminoso. Se, vez após outra, o que une atos de terror é a fé, extrapolar dos indivíduos para o conjunto é simplesmente um caminho vendável demais para não ser tomado pelos meios de comunicação, e coerente demais para não ser abraçado pelo senso comum. Separar o desequilibrado pessoal do coletivo pacífico é urgente, como já disse Magda Latif. Mas não é à imprensa que cabe a iniciativa.

Quando Hadil Daaboul, Khaled Taky El Din e outros perguntam por que, quando o seguidor de outra religião perpetra violências, não é divulgada sua crença, estão sendo o quê? Cínicos? Ingênuos? Meu palpite: porque esses outros, quando matam, não estão em missão de fé, combatendo em nome do Deus Único, da Mãe Múltipla ou da Virgem Loira dos Últimos Luares. A frequência da pergunta e a aparente inocência de meus interlocutores são espantosas. Será que eles nem mesmo *suspeitam*? Talvez vídeos em que mascarados ameaçam (e às vezes cumprem) assassinar um sujeito em nome de Alá não lhes dá uma pista?! Alguém já viu um cristão, Bíblia em punho, vociferar sua inabalável fé em Jesus, para em seguida sacrificar um ser humano trêmulo e sem chance de defesa, pela suprema heresia de não compartilhar a visão de mundo de seu algoz? E alguém duvida de que, se isso ocorresse, a crença do atirador seria fartamente noticiada? Ora.

O Islã tem aspectos lindíssimos. O refinamento de sua doutrina, a minúcia objetiva de suas práticas, o respeito à natureza como manifestação de Deus, os princípios éticos que regem as relações, certas formas de conduta social e a razoabilidade e sensatez de suas regras econômicas hoje me parecem, em uma palavra, admiráveis. Vinte e quatro desconhecidos aceitaram falar comigo, que não sou ninguém – nem mesmo muçulmana. Nada me desabonava, tampouco me recomendava, e ainda assim não me exigiram carta de recomendação, documento da universidade, atestado de bons antecedentes. Uma única entrevistada pediu que eu levasse algumas matérias já publicadas. Pareceu mais curiosidade que desconfiança e, mesmo nesse caso, várias horas de entrevista já estavam gravadas, quando ela se lembrou de perguntar se eu havia levado os exemplares. Tamanha receptividade tem, pelo menos, duas explicações possíveis: uma ânsia por se fazer ouvir e, ainda que no nível individual, apresentar um contraponto à ideia corrente; uma manifestação da afamada hospitalidade árabe-muçulmana. Claro que uma hipótese não exclui a outra.

Como resultado dessa acolhida afetuosa, pude estabelecer vínculos com algumas pessoas realmente extraordinárias. A beleza do que me ensinaram só faz aumentar meu desgosto com quem desvirtua a essência da religião – e com quem não faz nada em oposição a isso. A crença na vida depois da morte é um dos pilares de fé do Islã. À luz do que sei agora, espero que a crença não precise morrer, metaforicamente, para renascer. Que o impulso criativo e pacífico que uma vez animou os muçulmanos a formar sociedades tolerantes, respeitosas e prósperas possa, *inshallah*, florescer de novo.

Depois de viver por uma semana com *hijab*, entendi seu caráter protetor: eu me senti preservada de agressões e a salvo de grosserias. Por alguma razão, cobrir o cabelo aumentou minha respeitabilidade e impôs aos outros certa distância física, bons modos e voz cordial. No meu último dia como muçulmana, fez 24 graus em São Paulo, embora parecesse bem mais dentro do meu carro preto, de vidros escuros, sem ar-condicionado, preso no trânsito. Sob um céu divinamente azul, dei por encerrado o experimento. Afrouxei o véu até descobrir o pescoço, e minha pele suspirou de alívio. Desfiz o nó, removi o alfinete e fiquei imóvel, de olhos fechados, sentindo a brisa nas orelhas. Até desliguei o rádio. Ergui as pontas do lenço e o cabelo se soltou devagar, provocando arrepios conforme caía em anéis pela nuca. Eu ainda não tinha avançado um centímetro no congestionamento quando me lembrei de Saramago: "Foi como se um segundo sol nascesse para mim". Muçulmanas passam calor.

NOTA DA AUTORA

Apresento a seguir alguns critérios que nortearam a redação deste livro. Em meu texto, adotei a grafia abonada pela Academia Brasileira de Letras. Nos termos estrangeiros sem equivalência em português, mantive a grafia original em itálico – abaya, niqab. Nomes próprios foram aportuguesados. A exceção é Maomé, que, embora seja a forma corrente no Brasil, é considerada ofensiva por alguns muçulmanos; mais de um pediu que eu adotasse Muhammad, o que acatei. Ao citar obras alheias, mantive a grafia do autor; ao reproduzir o discurso de um entrevistado, respeitei sua intenção – por isso coexistem islã, Islã e Islam; sheikh e xeique; livro sagrado e Livro Sagrado. Algumas pessoas com quem conversei são estrangeiras. Na medida do possível, preservei a literalidade do que disseram. Porém, quando o baixo domínio do idioma poderia comprometer o entendimento do leitor, fiz pequenas edições. Dados estatísticos foram obtidos junto a associações de classe, institutos de pesquisa e veículos de comunicação nacionais e estrangeiros. As citações do Alcorão e as palavras de Muhammad foram extraídas de obras e sites islâmicos. Uma lista das principais referências bibliográficas está disponível nas últimas páginas deste livro.

Bibliografia

LIVROS

▷ AGENCY, Central Intelligence. *O relatório da CIA*, Editora Contexto, 2009.

▷ ALI, Ayaan Hirsi. *Infiel – a história de uma mulher que desafiou o Islã*, Companhia das Letras, 2006.

▷ AL-MUNAJJID, sheikh Muhammed Salih. *Problems and solutions*, editora e ano de publicação não identificados.

▷ AZIM, Sherif Abdel. *A mulher no Islam*, editora e ano não identificados.

▷ BLAINEY, Geoffrey. *Uma breve história do mundo*, Editora Fundamento, 2004.

▷ BOURDOUKAN, Georges. *Capitão Mouro*, Editora Casa Amarela, 1997.

▷ DEMANT, Peter. *O mundo muçulmano*, Editora Contexto, 2004.

▷ ECO, Umberto e CARRIÈRE, Jean-Claude. *Não contem com o fim do livro*, Editora Record, 2010.

▷ ERIS, Süleyman. *Um breve compêndio sobre o Islam – crença e prática*, Tughra Books, 2009.

▷ ESPOSITO, John e MOGAHED, Dalia. *Who speaks for islam? What a billion muslims really think*, Gallup Press, 2007.

▷ FARAH, Paulo Daniel. *O Islã*, Publifolha, 2008.

▷ FERREIRA, Francirosy Campos B *Olhares femininos sobre o Islã – etnografias, metodologias e imagens*, Editora Hucitec, 2010.

▷ GAARDER, Jostein; HELLERN, Victor; NOTAKER, Henry. *O livro das religiões*, Companhia de Bolso, 2009.

▷ GROSRICHARD, Alain. *Estrutura do harém*, Brasiliense, 1988.

▷ GÜLEN, I M Fethullah. *Perguntas e respostas sobre a fé islâmica*, Tughra Books, 2009.

▷ HADDAD, Jamil Almansur. *O que é Islamismo*, Editora Brasiliense, 1994.

▷ IBRAHIM, I A *Um breve guia ilustrado para compreender o Islã*, Londres, 2008.

▷ ISBELLE, Sami Armed. *O Estado islâmico e sua organização*, Qualitymark, 2008.

▷ KAMEL, Ali. *Sobre o Islã – a afinidade entre muçulmanos, judeus e cristãos e as origens do terrorismo*, Editora Nova Fronteira, 2007.

▷ MANJI, Irshad. *Minha briga com o Islã – o clamor de uma mulher muçulmana por liberação e mudança*, Editora Francis, 2006.

▷ MAZLOUM, Ali. *Liderança – caminho para a prosperidade, uma visão islâmica de liderança*, Célebre Editora, 2006.

▷ MAZLOUM, sheikh Ahmad Osman. *A educação espiritual no Islam*, Qualitymark, 2007.

▷ MIRANDA, Ana. *Amrik*, Companhia das Letras, 1997.

▷ MUSSLEH, Adbullah Al. *O que o muçulmano não pode desconhecer*, editora não identificada, 2010.

▷ NAFISI, Azar. *O que eu não contei – memórias*, Editora Record, 2009.

▷ NAPARSTEK, Ben. *Encontros com 40 grandes autores*, Editora Leya, 2010.

▷ NASR, Helmi. *Tradução do sentido do Nobre Alcorão para a Língua Portuguesa*. Complexo do Rei Fahd para imprimir o Alcorão Nobre, Medina, edição sem ano.

▷ PEREIRA, Rosalie Helena de Souza (org.). *O Islã clássico*, Editora Perspectiva, 2007

BIBLIOGRAFIA

▷ ROMANO, Roberto. *O desafio do islã e outros desafios*, Editora Perspectiva, 2004.

▷ SAID, Edward W *Orientalismo – o Oriente como invenção do Ocidente*, Companhia de Bolso, 2007.

▷ SASSON, Jean P *Princesa – a história real da vida das mulheres árabes por trás de seus negros véus*, Editora Best Seller, 1992.

▷ SMITH, Huston. *As religiões do mundo – nossas grandes tradições de sabedoria*, Cultrix, 2007.

▷ STANDAGE, Tom. *Uma história comestível da humanidade*, Rio de Janeiro, Zahar, 2010.

▷ TALESE, Gay. *Fama & Anonimato*, São Paulo, Companhia das Letras, 2004; *Vida de escritor*, São Paulo, Companhia das Letras, 2009.

▷ TCHEKHOV, Anton. *Um bom par de sapatos e um caderno de anotações*, Martins Editora, 2007.

▷ ZINO, Mohammad Ibn Jamil. *Seleção dos atributos do Profeta Mohammad*, editora e ano de publicação não identificados.

▷ ZUBAIDA, Sami. *Islam, the people and the state*, I.B.Tauris & Co Ltd., 2009.

FILMES

▷ *A chave da casa*, direção de Stela Grisotti e Paschoal Samora, Brasil, 2009.

▷ *A mensagem*, direção de Mustafa Akkad, Turquia, 1976.

▷ *Afghan star*, direção de Havana Marking, Grã-Bretanha, 2009.

▷ *Caramelo*, direção de Nadine Labaki, França e Líbano, 2007.

▷ *Duas senhoras*, direção de Philippe Faucon, França, 2007.

▷ *Lawrence da Arábia*, direção de David Lean, Grã-Bretanha, 1961.

▷ *Lemon tree*, direção de Eran Riklis, Israel, 2008.

▷ *O círculo*, direção de Jafar Panahi, Irã, 2000.

- *O espelho*, direção de Jafar Panahi, Irã, 1997.
- *Persépolis*, direção de Vincent Paronnaud e Marjane Satrapi, França e Estados Unidos, 2007.
- *Procurando Elly*, direção de Asghar Farhadi, Irã, 2009.
- *Vale dos lobos*, direção de Serdan Akar, Turquia, 2006.
- *Zoe, mulheres do planeta*, direção de Titouan Lamazou, França, 2007.

PRINCIPAIS WEBSITES

- Associação Brasileira das Indústrias Exportadoras de Carnes. abiec.com.br
- Associação Brasileira dos Produtores e Exportadores de Frangos. abef.com.br
- Amigos do Islam. friendsislam.com
- ANBA, Agência de Notícias Brasil-Árabe. anba.com.br
- Anistia Internacional. anistia.org.br
- Arabesq. arabesq.com.br
- Brasileiro Muçulmano. www.brasileirosmuculmanos.net
- Central Islâmica Brasileira de Alimentos Halal. cibalhalal.com.br
- Centro Cultural Beneficente Islâmico de Foz do Iguaçu. ccbi.org.br
- Centro de Divulgação do Islam para a América Latina. goo.gl/8IMCKV
- CIA. goo.gl/nhaS
- Comunidade islâmica da web. goo.gl/NRY3gl
- Declaração islâmica universal dos direitos humanos. goo.gl/JWuwJp
- Famous Muslims. famousmuslims.com
- Federação das Associações Muçulmanas do Brasil. fambras.org.br
- Grátis Quran. gratisquran.com/index.php
- Instituto Brasileiro de Geografia e Estatística. ibge.gov.br

BIBLIOGRAFIA

- Islam BR. islambr.com.br
- IslamBrasil. islambrasil.com.br
- Islam.Org. islam.org.br
- Islamic Bulletin. islamicbulletin.org
- Islamismo. islamismo.org
- OnePure. onepurebeauty.com
- Pew Forum: "Tolerance and Tension: Islam and Christianity in Sub-Saharan Africa". pewforum.org
- Programa Roda Viva com Ayaan Hirsi Ali. goo.gl/elliv3
- Programa Roda Viva com Lawrence Wright e Robert Fisk. goo.gl/ryrUP3
- Programa Roda Viva com Tariq Ali. goo.gl/8TJdyi
- Sociedade Beneficente Muçulmana do Rio de Janeiro. sbmrj.org.br
- Titouan Lamazou. titouanlamazou.com
- União Nacional das Entidades Islâmicas. uniaoislamica.com.br
- Unicef, Child protection from violence, exploitation and abuse. unicef.org/protection
- Unicef, The state of the world's children 2008. goo.gl/bHesFl
- United Nations Development Programme. arabstates.undp.org e arab-hdr.org
- Wamy. wamy.org.br
- Youtube: "Submission Part 1". goo.gl/1syzoL

COLEÇÃO HEDRA

1. *Iracema*, Alencar
2. *Don Juan*, Molière
3. *Contos indianos*, Mallarmé
4. *Auto da barca do Inferno*, Gil Vicente
5. *Poemas completos de Alberto Caeiro*, Pessoa
6. *Triunfos*, Petrarca
7. *A cidade e as serras*, Eça
8. *O retrato de Dorian Gray*, Wilde
9. *A história trágica do Doutor Fausto*, Marlowe
10. *Os sofrimentos do jovem Werther*, Goethe
11. *Dos novos sistemas na arte*, Maliévitch
12. *Mensagem*, Pessoa
13. *Metamorfoses*, Ovídio
14. *Micromegas e outros contos*, Voltaire
15. *O sobrinho de Rameau*, Diderot
16. *Carta sobre a tolerância*, Locke
17. *Discursos ímpios*, Sade
18. *O príncipe*, Maquiavel
19. *Dao De Jing*, Lao Zi
20. *O fim do ciúme e outros contos*, Proust
21. *Pequenos poemas em prosa*, Baudelaire
22. *Fé e saber*, Hegel
23. *Joana d'Arc*, Michelet
24. *Livro dos mandamentos: 248 preceitos positivos*, Maimônides
25. *O indivíduo, a sociedade e o Estado, e outros ensaios*, Emma Goldman
26. *Eu acuso!*, Zola | *O processo do capitão Dreyfus*, Rui Barbosa
27. *Apologia de Galileu*, Campanella
28. *Sobre verdade e mentira*, Nietzsche
29. *O princípio anarquista e outros ensaios*, Kropotkin
30. *Os sovietes traídos pelos bolcheviques*, Rocker
31. *Poemas*, Byron
32. *Sonetos*, Shakespeare
33. *A vida é sonho*, Calderón
34. *Escritos revolucionários*, Malatesta
35. *Sagas*, Strindberg
36. *O mundo ou tratado da luz*, Descartes
37. *O Ateneu*, Raul Pompeia
38. *Fábula de Polifemo e Galateia e outros poemas*, Góngora
39. *A vênus das peles*, Sacher-Masoch
40. *Escritos sobre arte*, Baudelaire
41. *Cântico dos cânticos*, [Salomão]
42. *Americanismo e fordismo*, Gramsci
43. *O princípio do Estado e outros ensaios*, Bakunin
44. *O gato preto e outros contos*, Poe
45. *História da província Santa Cruz*, Gandavo
46. *Balada dos enforcados e outros poemas*, Villon
47. *Sátiras, fábulas, aforismos e profecias*, Da Vinci
48. *O cego e outros contos*, D.H. Lawrence
49. *Rashômon e outros contos*, Akutagawa
50. *História da anarquia (vol. 1)*, Max Nettlau
51. *Imitação de Cristo*, Tomás de Kempis
52. *O casamento do Céu e do Inferno*, Blake
53. *Cartas a favor da escravidão*, Alencar
54. *Utopia Brasil*, Darcy Ribeiro
55. *Flossie, a Vênus de quinze anos*, [Swinburne]
56. *Teleny, ou o reverso da medalha*, [Wilde et al.]
57. *A filosofia na era trágica dos gregos*, Nietzsche
58. *No coração das trevas*, Conrad

59. *Viagem sentimental*, Sterne
60. *Arcana Cœlestia* e *Apocalipsis revelata*, Swedenborg
61. *Saga dos Volsungos*, Anônimo do séc. XIII
62. *Um anarquista e outros contos*, Conrad
63. *A monadologia e outros textos*, Leibniz
64. *Cultura estética e liberdade*, Schiller
65. *A pele do lobo e outras peças*, Artur Azevedo
66. *Poesia basca: das origens à Guerra Civil*
67. *Poesia catalã: das origens à Guerra Civil*
68. *Poesia espanhola: das origens à Guerra Civil*
69. *Poesia galega: das origens à Guerra Civil*
70. *O chamado de Cthulhu e outros contos*, H.P. Lovecraft
71. *O pequeno Zacarias, chamado Cinábrio*, E.T.A. Hoffmann
72. *Tratados da terra e gente do Brasil*, Fernão Cardim
73. *Entre camponeses*, Malatesta
74. *O Rabi de Bacherach*, Heine
75. *Bom Crioulo*, Adolfo Caminha
76. *Um gato indiscreto e outros contos*, Saki
77. *Viagem em volta do meu quarto*, Xavier de Maistre
78. *Hawthorne e seus musgos*, Melville
79. *A metamorfose*, Kafka
80. *Ode ao Vento Oeste e outros poemas*, Shelley
81. *Oração aos moços*, Rui Barbosa
82. *Feitiço de amor e outros contos*, Ludwig Tieck
83. *O corno de si próprio e outros contos*, Sade
84. *Investigação sobre o entendimento humano*, Hume
85. *Sobre os sonhos e outros diálogos*, Borges | Osvaldo Ferrari
86. *Sobre a filosofia e outros diálogos*, Borges | Osvaldo Ferrari
87. *Sobre a amizade e outros diálogos*, Borges | Osvaldo Ferrari
88. *A voz dos botequins e outros poemas*, Verlaine
89. *Gente de Hemsö*, Strindberg
90. *Senhorita Júlia e outras peças*, Strindberg
91. *Correspondência*, Goethe | Schiller
92. *Índice das coisas mais notáveis*, Vieira
93. *Tratado descritivo do Brasil em 1587*, Gabriel Soares de Sousa
94. *Poemas da cabana montanhesa*, Saigyō
95. *Autobiografia de uma pulga*, [Stanislas de Rhodes]
96. *A volta do parafuso*, Henry James
97. *Ode sobre a melancolia e outros poemas*, Keats
98. *Teatro de êxtase*, Pessoa
99. *Carmilla — A vampira de Karnstein*, Sheridan Le Fanu
100. *Pensamento político de Maquiavel*, Fichte
101. *Inferno*, Strindberg
102. *Contos clássicos de vampiro*, Byron, Stoker e outros
103. *O primeiro Hamlet*, Shakespeare
104. *Noites egípcias e outros contos*, Púchkin
105. *A carteira de meu tio*, Macedo
106. *O desertor*, Silva Alvarenga
107. *Jerusalém*, Blake
108. *As bacantes*, Eurípides
109. *Emília Galotti*, Lessing
110. *Contos húngaros*, Kosztolányi, Karinthy, Csáth e Krúdy
111. *A sombra de Innsmouth*, H.P. Lovecraft
112. *Viagem aos Estados Unidos*, Tocqueville
113. *Émile e Sophie ou os solitários*, Rousseau
114. *Manifesto comunista*, Marx e Engels
115. *A fábrica de robôs*, Karel Tchápek
116. *Sobre a filosofia e seu método — Parerga e paralipomena (v. II, t. 1)*, Schopenhauer
117. *O novo Epicuro: as delícias do sexo*, Edward Sellon
118. *Revolução e liberdade: cartas de 1845 a 1875*, Bakunin

119. *Sobre a liberdade*, Mill
120. *A velha Izerguil e outros contos*, Górki
121. *Pequeno-burgueses*, Górki
122. *Um sussurro nas trevas*, H.P. Lovecraft
123. *Primeiro livro dos Amores*, Ovídio
124. *Educação e sociologia*, Durkheim
125. *Elixir do pajé — poemas de humor, sátira e escatologia*, Bernardo Guimarães
126. *A nostálgica e outros contos*, Papadiamántis
127. *Lisístrata*, Aristófanes
128. *A cruzada das crianças/ Vidas imaginárias*, Marcel Schwob
129. *O livro de Monelle*, Marcel Schwob
130. *A última folha e outros contos*, O. Henry
131. *Romanceiro cigano*, Lorca
132. *Sobre o riso e a loucura*, [Hipócrates]
133. *Hino a Afrodite e outros poemas*, Safo de Lesbos
134. *Anarquia pela educação*, Élisée Reclus
135. *Ernestine ou o nascimento do amor*, Stendhal
136. *A cor que caiu do espaço*, H.P. Lovecraft
137. *Odisseia*, Homero
138. *O estranho caso do Dr. Jekyll e Mr. Hyde*, Stevenson
139. *História da anarquia (vol. 2)*, Max Nettlau
140. *Eu*, Augusto dos Anjos
141. *Farsa de Inês Pereira*, Gil Vicente
142. *Sobre a ética — Parerga e paralipomena (v. II, t. II)*, Schopenhauer
143. *Contos de amor, de loucura e de morte*, Horacio Quiroga
144. *Memórias do subsolo*, Dostoiévski
145. *A arte da guerra*, Maquiavel
146. *O cortiço*, Aluísio Azevedo
147. *Elogio da loucura*, Erasmo de Rotterdam
148. *Oliver Twist*, Dickens
149. *O ladrão honesto e outros contos*, Dostoiévski
150. *O que eu vi, o que nós veremos*, Santos-Dumont

«SÉRIE LARGEPOST»

1. *Cadernos: Esperança do mundo*, Albert Camus
2. *Cadernos: A desmedida na medida*, Albert Camus
3. *Cadernos: A guerra começou...*, Albert Camus
4. *Escritos sobre literatura*, Sigmund Freud
5. *O destino do erudito*, Fichte
6. *Diários de Adão e Eva*, Mark Twain
7. *Diário de um escritor (1873)*, Dostoiévski

«SÉRIE SEXO»

1. *Tudo que eu pensei mas não falei na noite passada*, Anna P.
2. *A vênus das peles*, Sacher-Masoch
3. *O outro lado da moeda*, Oscar Wilde
4. *Poesia Vaginal*, Glauco Mattoso
5. *perversão: a forma erótica do ódio*, oscar wilde
6. *A vênus de quinze anos*, [Swinburne]

COLEÇÃO «QUE HORAS SÃO?»

1. *Lulismo, carisma pop e cultura anticrítica*, Tales Ab'Sáber

2. *Crédito à morte*, Anselm Jappe
3. *Universidade, cidade e cidadania*, Franklin Leopoldo e Silva
4. *O quarto poder: uma outra história*, Paulo Henrique Amorim
5. *Dilma Rousseff e o ódio político*, Tales Ab'Sáber

Adverte-se aos curiosos que se imprimiu este livro em nossas oficinas, em 31 de março de 2016 em papel offset 90g em tipologia Libertine, com diversos sofwares livres, entre eles, LaTeX, git & ruby.